Laurentius von Schnüffis

**Futter über die mirantische Maultrommel**

Laurentius von Schnüffis

**Futter über die mirantische Maultrommel**

ISBN/EAN: 9783743480360

Hergestellt in Europa, USA, Kanada, Australien, Japan

Cover: Foto ©Andreas Hilbeck / pixelio.de

Weitere Bücher finden Sie auf **www.hansebooks.com**

Suffa über Maffri

Futter über die Mirantische Maül=trommel.

I. G. Gluckher del.

M Wolffgang

Omnes ftultitia ... ges, et jura fequuntur,
  Omnes ftultitiæ fub ditione manent.
Ein jeder zeigt der Thoren Recht,
Ein jeder ift der Thorheit Knecht.

Lovani in
quada' omo

# Futer,

## über die Mirantische

# Maul-Trumel,

## Oder

# Begriff/

## In welchem der jetzigen Welt

thorechtes/ von ihr aber gar schön ver-
meintes Beginnen in Lateinisch- und Teut-
schen Elegien/ samt schönen Sinnbildern/ und
neuen Melodeyen mit sonderbarem deß Lesers Lust/
und Vergnügung an den Tag gegeben wird
durch

## P. F. LAURENTIUM von Schnüffis/

Vorder-Oesterreichischen Provintz Capuci-
nern/ und Predigern.

Mit Röm. Kayß. Maj. Gnad/ und Freyheit/

auch Bewilligung der Oberen.

Costantz/ im Verlag/ und zu finden

Bey Leonhard Parcus.
Gedruckt in der Fürstl. Bischöflichen Truckerey
durch Johann Adam Köberle.
1699.

# DEDICATIO

A D

*Reverendissimum, & Amplissimum,*

Sac. Rom. Imp. Præsulem,

A C

DOMINUM, DOMINUM

# STEPHANUM

Sacri Ordinis Cistertiensis,

Regij, & Exempti Monasterij,

B. M. V. in Salem

# ABBATEM,

NEC NON

Per Germaniam Superiorem Vica-
rium Generalem,

Dominum meum Gratiosum.

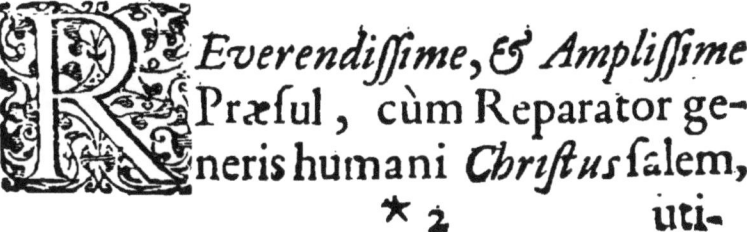*Everendissime, & Amplissime*
Præsul, cùm Reparator ge-
neris humani *Christus* salem,

uti-

# DEDICATIO.

utique non materialem, fed falem fa-
pientiæ, ufque adeò commendet, di-
cens : *Habete in vobis fal.* Marc. 9.
v. 49. hinc ego, inconfulto Delphico
oraculo, fluctuare defino, quonam
meum, tot dementiis mundi refertum,
libellum, ne in fuæ fatuitatis putore
fatifcat, deftinem ; ipfa namque expe-
rientia, optima rerum magiftra, in-
nuit, carnes perfricatione falis confer-
vari, fecus verò putrefieri ; quare, pe-
riculo confulens, Salem peto, *Sali-*
*fodinam fapientiæ uberrimam, & con-*
*tra putredinem confervativum præ-*
*fentiffimum,* nullus dubitans, ibi o-
pufculum meum à dementiis huma-
nis fale fapientiæ vindicatum, &
conditum iri ; defcendi enim infir-
mus ego in arenam, cum mundi de-
mentia digladiatum, fed quot relu-
ctatoribus fuccubiturus, nifi *Sapientum*
*brachiis firmer ?* hinc memor Abra-
mi

# DEDICATIO.

mi, qui paucis vernaculis suis hostes numerosos triumphans, in Melchisedech, Regem Salem sacerdotem Dei Altissimi incidit, & ab eo benedictionem copiosam accepit : Et ego *Regem Salem, Sacerdotem Dei Altissimi*, non Melchisedechum, *sed Stephanum, Regem in Salem*, ad *Te* nempe, *Reverendissime, & Amplissime Præsul, Archisalarium Sapientissimum*, & in cœtum Seraphicum usque pronum supplex venio, si non partam de dementia mundi victoriam, saltem certamen ad pedes tuos depositurus, quid aliud sperans, quàm de *Te Stephano Adjutore* defensionis, & benignitatis *Coronam* ? Scio, sapientiâ salitos viros ( quid ni *Archisalarios* ? ) nauseare laudum Favonios, & solem elucidare obfuscare esse, hinc, ne ego modestiam genarum tuarum rubore suffundā, multò minùs decorem sapientiæ, &

* 3 vir-

# DEDICATIO.

virtutum tuarum potiùs obſcurem, o-
pus laudis famæ, cui proprium eſt, re-
linquo, ſufficit enim mihi, *Te à tot ſa-*
*pientibus viris* in ſuum Præſidem
noviſſimè non immeritò ſubrogatum
fuiſſe, ſcilicet à Muſis *Apollinem* : qua-
re hoc ſolùm ago, ut hunc meum la-
borem, licèt defectuoſum, ad honorem
*Tuum* benignè ſuſcipias, & ſaltem um-
bra ſapientiæ, nec non famulantē *Tibi*
Seraphicum cœtu malis gratiæ *Tuæ*
contegas, quo meus labor, ſi non bo-
nus, ſaltem arduus *Tui* favoris favo
mihi dulceſcet. Vale, & vive ad mul-
torum ſolatium ſanus, & incolumis
quàm diutiſſimè

*Reverendiſsimæ Amplitudinis*
*Tuæ*

Servus ſubmiſſiſſimus

Fr. Laurentius, Capucinus.

Wilst du geblümte Reden haben/
Bey Alten findt man Blumen nicht/
Du must sie suchen bey den Knaben/
Von Ernst die alte Feder spricht.

## Anflehung der Göttlichen Hilff.

### Epiconische Vers/
Welche sich auch in der Mitte reimen.

WEr wird mir reichen Wasser von Helicon, (a)
Mein Hirn zu weichen/welches verdorret schö/
Daß ich mög giessen Reimen vom Haubt herab/
Von deren Fliessen jeder Vergnügen hab :
Wie werd ich aber/ wessen Hirn ohne Krafft/
Den Vers-Liebhaber tränck mit Musen-Safft/(b)
Der ich zu hönen / rostig von grauem Staub/
Und nicht zu crönen prächtig mit Lorber-Laub :
Fort dann von hinnen nüchteres Musen-Haus/ (c)
Wo nicht mehr rinnen göldene Vers heraus :

Still

(a) Helicon, auff welchen Berg die Kunst-Göttinen wohnen. Fabel.
(b) Mit schöner Reimen-Kunst.
(c) Parnassus, wo die Musen oder Kunst-Göttinen wohnen. Fabel.

Fractusque languet pecten Apollinis,    (e)
Mœrore servans alta silentia:
Hinc tu Polorum Rector amabilis,
Tu me sacratis versibus imbue,
Quêis fabulosos stultitiæ jocos
In sacra morum dogmata transferam.
Est totus orbis namque poëticus,
Tractans aniles non nisi fabulas,
In quas ierunt, heu, quoque Biblia,
Nasonis haud plus facta poëmate.
Ridentur illi, qui sacra nunciant,    (f)
Figmenta sunt, & dogmata Numinis,
Oracla verò, quæ caro suggerit:
Hæc est malorum Christiadum fides !
Cùm vanus ergo sit labor eloqui
De gaudiorum sorte perennium,
Vel Ditis igni, prô, nimis effero,    (g)
Cùm rideantur talia nequiter,
Hinc execrandas orbis ineptias,
Quas prava credit fæx sapientiam,
Justa statera nunc trutinabimus:
Tu Numen adsis carmine prospero.

(e) Apollo, Deus Sapientiæ. Poët.
(f) Sapientiam, & doctrinam stulti despiciunt. Prov. 1.v.7.
(g) Dis, Ditis, Avernalis Rex, sumitur pro inferno.

Still auf den Chören  trauret das Seitenspil /
Apoll laßt hören /  leyder / sich nicht mehr vil :  (d)
Du aber König  über das Himmels-Heer /
Mit Gnaden-König  lieblich mich reden lehr' /
Und mir von oben  himmlischen Safft vergönn /
Daß ich der groben  Thorheit abhelffen könn.
Die Welt / verkehret /  eitle Gedichte liebt /
Und / Sinn-versehret /  nichtes als Fabeln übt :
Es wird in Märlein  göttliche Lehr verkehrt /
Die man kein Härlein  höcher / als Märlein ehrt :
Wer da verkündet  GOttes Wort / büsset ein /
Muß schlecht gegründet /  oder erdichtet seyn /
Was / voll der Listen /  rathet die Fleisch-Begird /
Von bösen Christen  eintzig geglaubet wird.
Weil denn mein singen  wurde vergeblich seyn
Von Himmels-Dingen /  oder von Höllen-Pein /
Indem was Göttlich /  niemand schier nimt in acht /
Ja offt nur spöttlich  wird gehönt / und verlacht. (e)
So will ich deine Thorheit /  O böse Welt /
Die man für eine Weißheit /  ach leyder ! hält /
Genau abwegen /  liebster GOtt gib / daß ich
Mit deinem Seegen  schreiben mög fruchtbarlich.


(d) Apollo , Gott der Weißheit. Fabel.
(e) Die Thoren verachten die Weißheit / und Lehr.
    Prov. I. v. 7.

Ich habe dise Fehler mit Fleiß vornen her laſſen ſetzen/ damit ſich der geehrte Leſer deren an ihren Orthen erinneren könne / und ſich deſto winiger darob befrömde/ dahero er ſich wolle laſſen belieben/ ſie vorhero zu leſen.

Fol. 34. Humus. lege Hunnus.
Fol. 82. ſtropha 16. v. 2. ſit, lege ſit.
Fol. 91. in annotat: Weyen/ leſe Weegen.
Fol. 101. platerat, lege blaterat.
Fol. 123. der Saum/ leſe den Saum.
Fol. 135. in ult: verſu. atra, lege antra.
Fol. 150. Laidam, lege Laidem.
Fol. 192. in ult: verſu. atqua, lege atque.
Fol. 212. Errepta, lege Erepta.
Fol. 220. verſu 4. accipiur, lege accipiter.
Fol. 226. duo verſus bis poſiti ſunt.
Fol. 251. für Blut=Jgel/ leſe Blut=Egel.
Fol. 254. v. 1. ſeit, lege ſcit.
Fol. 297. in 20ten Geſätzlein und dritten Vers / für ſolſt /
leſe ſolteſt.

# Luter

## über die

## Mirántische

# Maul-Trumel.

# ELEGIA 1.

He-ra-clit/ bringe Zäher mir/
Die Thorheit dieser Welt mit dir/

auf daß ich könn be-wei-nen
weil fer-tig ich mit meinen:

Lehr' o-der mich De-mo-crit/ du

dein stethes Welt-Aus-lachen /

so will ich lachen immer-zu /

daß mir die Rippen krachen.

## ELEGIA I.
### De dementia inversi mundi.

Omnia præposterè agere ,
signum est maximæ dementiæ, sed
hoc agit mundus ; an ergo sapientem
dixeris? hinc illi Deus, improperans, ait :
perversa est via tua , mihique con-
traria.   Num. 22. v. 32.

Vidi servos in equis , & principes
ambulantes super terram, qua-
si servos. Ecclef. 10. v. 7.

### I.

Asclep. HEraclite, tuas porrige lachry-
mas,               (a)
Ut plorem fatuas orbis ineptias ,

Saph.      Vel det infani mihi rifor orbis ,
(b)
NatusAbderæ, fluidos cachiños.
In-

(a) Heraclitus dementiam mundi continuò de-
flevit.  (b) Democritus, Abderæ natus, econ-
tra derisit.

Heraclitus

Democritus

Turpiter à recto vagus ordine mundus aberrat,
Nec movet hunc Sceleris, Stultitiæve nota.
Die welt thut alles gantz verkehrt,
Noch Sünd, noch Schand ste anderst lehrt.

Symb:1

## ELEGIA I.

### Von Torheit der umgekehrten Welt.

Alles hinderfür thun/ ist ein
Zeichen gröster Torheit / dieses thut
die Welt/ wie soll sie dann weiß seyn?
Dahero GOtt/ es ihr verweisend/ spricht:
Dein Weeg ist verkehrt / und mir
zuwider. Num. 22. v. 32.

Ich sahe Knechte auff Rossen / und
Fürsten zu Fuß / wie Knechte.
Eccles. 10. v. 7.

### I.

Eraclit/ bringe Zäher mir/ (a)
     Auf daß ich könn beweinen
Die Torheit diser Welt mit dir/
     Weil fertig ich mit meinen:
Lehr' oder mich/ Democrit / du          (b)
     Dein stetes Welt-Auslachen/
So will ich lachen immerzu/
     Daß mir die Rippen krachen.

A 3                          Die

(a) Heraclitus hat der Welt Torheit stets beweinet.   (b) Democritus herentgegen ausgelacht.

## 2.

Inverſis pedibus mundus inambulat,
Lambunt labra ſolum, pes petit aëra :
   Lippiunt frontes, digitique cernunt,
   Ducitur ſocors equus à quadriga.

## 3.

Cujus pes refugit culmina gloriæ? (c)
Aut terræ illecebras non labra baſiant?
   Cujus aut frons nõ miſerando lippit?
   Munera, ut Lynceûs ,* manus &
          videbit?

## 4.

                    (d)

ApprenduntNumidæ ſplendida munia,
NeglectosCynicos dolia contegunt:(e)
                          Ex

(c) Nulla eſt tanta humilitas, quæ dulcedine gloriæ non tan-
gatur. Valer. Max. lib. 8. cap. 14. * Lynceûs vir acu-
tiſſimi viſus.    (d) Numidæ, populus illiteratus, & craſſi
ingenii. (e) Cynici doctiſſimi Philoſophi, inter quos Dio-
genes erat, in dolio habitans.

**2.**

Die Welt geht umbgekehrt herein /
    Will gar unsinnig werden /
Der Fuß will in der Höhe seyn /
    Der Mund ligt auf der Erden :
Die Augen blind seynd / wie ein Stock /
    Die Hand scharpff alles siehet :
Den Gaul / der Starrer / als ein Block /
    Der Wagen nach sich ziehet.

**3.**

Wo ist ein Fuß / der nach der Ehr          [c]
    Auffsteige mit Beschwerden ?
Was für ein Mund nicht küsset / sehr
    Verliebt / die Freud der Erden?
Das Aug ist zum Erbarmen blind /
    Allwo man Hilff will haben ;
Die Hand sicht / wie ein Lux / geschwind
    Den Glantz der schönen Gaaben.

**4.**

Offt jene / welche seich-gelehrt /
    Nach hohen Aembtern steigen :
Wer aber weiß / und nicht verkehrt /
    Dem zeigt das Glück die Feigen :

A 4          Der

(c) Keine Demuth ist so groß / daß sie nicht (ausge-
nomen bey vollkomenen Menschen) von der Ehr ge-
kützelt / und gereitzt werde. Valerius Max. lib. 8. c. 14.

Ex fabro Cæsar Marius resurgit : (f)
Inclyti reges diadema ponunt.     (g)

## 5.

Sic nempe est stabilis gloria principum,
Dum fiunt pedites hi,qui equitaverant,
  Et suis curvi famulis ministrant :
  ·Pegaso servi volitant superbo.     (h)

## 6.

At quid sortis ego tela ferocia ,
Nõ vitanda,queror? Numinis illa sunt:
  *In suis fortes manibus* ;  proinde (i)
  Nemo,quos cædit, putet esse Psillos.
                   (k)
              Hi,

(f)   Fortuna immeritos auget honoribus ;
(g)   Fortuna innocuos cladibus afficit.     *Virg.de fortuna,*
(h) Pegasus , equus alatus. *Poët.*   (i) Psalm. 30. v. 1.
(k) Psilli , populus rudis , imò ferè insipiens.

Der Marius , ein Schmid zuvor/ [d]
   Zum Käyser würd' erkisen:
Hingegen wird vom Thron zum Thor
   Ein König abgewisen.

### 5.

Auf solche Weiß beständig ist
   Die Herrlichkeit der Fürsten /
Als die das Glück offt pflegt mit List
   Vom Thron herab zu pürsten/
Wo sie dann müssen ihre Knie
   Vor aignen Dienern biegen/
Die Knechte auff den Pferden/ wie
   Ein Perseus herfliegen. [e]

### 6.

Was aber will ich wider die
   Glücks-Untreu Klagen führen/
Allweilen unvermeidlich sie
   Von GOtt her selber rühren:
Wann einer schwer wird heimbgesucht
   Mit scharpffen Unglücks-Streichen/
Ist es doch/ daß man sey verrucht/
   Und ungelehrt/ kein Zeichen.

7. Die

---

(d) Marius ist aus einem Schmid Käyser worden.
(e) Perseus ist auf einem geflügleten Pferd geritten.
   Poët.

## 7.

Hi, quos delicijs aurea Perficis  (*l*)
Sors nutrit, ferè, prô! femper ineptiunt:
   Fractus eft molli Salomon volupta:
   Fulgido pallet ratio fub oftro.

## 8.

In blandæ gremio num mulierculæ (*m*)
Samfon defipuit, fortior Hercule? (*n*)
   Noñe Jeffiden malè tecta Nympha (*o*)
   Læfit, ex undis jaculata flammas?

## 9.

Sors plerùmq; ferox eft fapientibus,
Nam, *quos cædit, amat Numen,*＊at im-
             pios,
                  Quos

(*l*) Perfæ, populus deliciis indulgens. (*m*) Judic. 16. v. 17. &c.
Hercules fortiffimus heros. (*n*) Ieffides, rex David. (*o*) Per
Nympham deam marinam Bethfabea intelligitur, dum fe
ad fontem lavit, & Davidem amore inflamavit. 2. Reg. 11. v. 2.
✦ Ad Hebr. 12. v. 6.

### 7.

Die von dem Glück begaabet seynd
  Mit Persischen Wollüsten/           [f]
Vernarren sich/ als Creutzes-Feind/
  An süssen Wollust-Brüsten:
Die Wollust hat den Salomon
  Gemacht zu einem Thoren:
Im Purpur-Kleid hat mancher schon
  Die Weißheit-Farb verlohren.

### 8.

Der Samson in deß Weibes-Schoß [g]
  Hat seinen Witz verschertzet/
Der Herculisch an Thaten groß/
  Wehmüthig wird beschmertzet:
Die schlecht-bedeckte Nymph hat/ ach! [h]
  Gespihlt sehr arge Possen
Dem David/ da sie aus dem Bach
  Mit Feur auff ihn geschossen.

### 9.

Das Unglück seine Grausamkeit
  An frommen Weisen übet/
Weil GOtt die strafft insonderheit/
  Die Er vor andern liebet:          [i]
                                   Wann

(f) Die Persianer seynd der Wollust gantz ergeben.
(g) Jud. 16. v. 17. &c.  (h) Durch die Nymph wird
  die Bethsabea, in dem Bronnen badend/ verstan-
  den: 2. Reg. 11.  (i) Hebr. 12. v. 6.

Quos bonis replet, ferè semper odit:
Esse bis nemo poterit beatus.    [*p*]

### 10.

Heu! quàm rarò animam non caro sub-
                    jugat        (*q*)
Nativã dominam serva procax suam?
Scilicet Sarę petulanter ambit
Serva turgescens Agar imperare. (*r*)

### 11.

Sexùm quin fragilis fœmina masculũ,
Fœmellasq́; viri turpiter induunt:
Nescio cur non etiam pilescat.
Fœminæ mentum, marium gla-
                    brente.

Signum

(*p*) Fili, recordare, quia recepisti bona in vita tua. Luc. 16.
v. 25. (*q*) Caro concupiscit adversus spiritum. ad Ga-
lat. 5. v. 17. (*r*) Gen. 16. v. 5.

Wann Er Gottlose machet reich /
 Ist es deß Zornes Zeichen;
Kein Mensch kan hier / und dort zugleich
 Den Glückes-Stand erreichen.

### 10.

Gar selten pflegt nicht an das Joch [k]
 Der Leib die Seel zu bringen /
Da sie / als dessen Herrin / doch
 Ihn billig solt bezwingen :
Will also Agar Sara seyn /
 Und Meisterin der Frauen :
Die Magd / der Frauen redend ein /
 Darff trotzig sie anschnauen.

### 11.

Die Weiber nunmehr das Geschlecht
 Der Männern an sich nemmen :
Die Männer / wie geschorne Knecht /
 Sich ohne Bart nicht schemmen :
Wie soll das Kinn deß Weibs auch nicht /
 Mann-werdend / sich behaaren /
Weil man jetzt bey Weib-Männern sicht
 Nur Haut / wo Bärte waren.

Am

(k) Das Fleisch gelüstet wider den Geist. ad Ga-
 lat. 5. v. 17.

## 12.

Signum barba viri eſt: barba decet vi-
rum :        [s]
Quos barbæ pudet,hos eſſe pudet viros:
Lævitas mento pudor eſt virili:
Fæx fuit nunquam veneranda barba.

## 13.

Raſum fortè vafer ſannio ad oſtia
Valvarum vetulum conſpiciens, ei
Dixit: O mater bona, dic, herúsne
Non domi eſt ? riſit glaber, at ru-
bendo.

## 15.

Perversè nimiùm plaſmata Numinis
Contemnunt homines,dum malè cor-
rigunt :

                       Si

(s) Inſignis vir, rogatus, cur barbam aleret, reſpondit : ut
videns barbam, me non mulierem, ſed virum viderem.
Barba viros, hirtæque decent in corpore ſetæ.
               *Ovid. lib.15.ſab.3.*

### 12

Am Kinn/ so von den Haaren rauch/.[1]
　　Man einen Mann erkennet:
Wer sich des Bartes schämt/ wird auch
　　Nicht wohl ein Mann genennet:
Ein kahles Kinn den Weibern nur/
　　Den Männern nicht gebühret:
Mit Ehren Bärten die Natur
　　Die Männer hat gezieret.

### 13.

Ein alter kahl-geschorner Mann
　　Zum Fenster hinaus schaute/
Diß sah' ein Spöttler/ der alsdann
　　Ihm eine Schlappe haute/
Mit sprechen: altes Mütterlein /
　　Ist nicht zu Hauß der Vatter?
Der Alte lacht zuruck hinein/
　　Schamroth am Fenster-Gatter.

### 14.

Gottloß die Menschen das Geschöpf/
　　So GOtt gemacht/ verachten/
Indem die kluge Momus-Köpf'
　　Es zu verbessern trachten:
　　　　　　　　　　　　Wann

(1) Ein Mann am Kinn soll nicht allein /
　　Am Leib so gar auch haaricht seyn.
　　　　　　　　Ovid. lib. 15. fab. 3.

Si Deus glabros voluiffet effe
Mafculos, mentum minimè pilaret:

### 15.

Si nuptæ caput eft vir, rogo, fœminæ(t)
Cur fit mancipium tam miferabile,
    Dum fuæ divæ, quafi verna, fervit,
    Nutibus parens, ut arundo vento?

### 16.

Non hic carpo viri jufta charifmata,(u]
Dilectæ meritò debita conjugi,
    Sed maritorum modulos amorphos,
    Hac die paffim nimiùm frequentes;
                Dic,

(t) Mulieres viris fuis fubditæ fint, ficut domino, quoniam vir
caput eft mulieris. *ad Ephef. s. v.22.* Item, Sub potefta.
te viri eris, & ipfe dominabitur tai. *Gen.3. v.16.*
(u) Viri diligite uxores veftras, ficut & Chriftus dilexit Eccle-
fiam. *ad Eph. s. v. 25.*

Wann GOtt hett wöllen ohne Bart
　　Das Kinn der Männern haben /
So wurd' Er sie nach Weiber-Art
　　Mit keinen Bart begaben.

### 15.

Wañ ja der Mañ das Haubt soll seyn (m)
　　Deß Weibs / wie ungeartet
Ist es nicht / wann er ihr / als ein
　　Leibeigner Knecht aufwartet?
In dem er sie / vernarret blind /
　　Als eine Göttin ehret /
Und / wie ein Rohr sich nach dem Wind /
　　Nach ihrem wincken kehret.

### 16.

Ich will allhier die Ehleut nicht
　　Mit diser Straff betrüben /
Die / stets getreu / krafft ihrer Pflicht
　　Sich zart / und hertzlich lieben: (n)
Will nur die Sclaverey allein
　　Der Männern hier andeuten /
Die diser Zeit gantz ist gemein
　　Voraus bey Standes-Leuten.

B　　　　　　　　　　Wer

(m) Die Weiber seyen unterthan ihren Männern / als dem
Herrn / dañ der Mann ist deß Weibs Haupt. ad Eph. 5. 22.
Item: Du solt unter seinem Gewalt seyn / und er soll dein
Herr seyn. Ge a. 3. v. 16.　(n) Ihr Männer liebet eure Wei-
ber / wie auch Christus die Kirch. ad Ephes. 5. v. 25.

## 17.

Dic, quis, quæſo, ſuæ non Amarillidi
Detecto Corydon vertice ſerviat,
  Curvus ejuſdem veneres adorans?
  Talis an fiat dea non ſuperba?

## 18.

At Ninum veluti vafra Semiramis
Occidit, precibus mollibus obrutum,
  Sæpe ſic fregit mulier maritum,
  Qui ſuam Cænin* malè deperibat.

## 19.

Nunquã non dominumSara vocaverat
Conſortem thalami,nullibi conjugem,
                                    Sm.

---

* Cænis mulier, vir facta.

## 17.

Wer pflegt nicht knechtlich / ob er schon
 Ein Fürst wär / seiner zarten
Geliebten / wie ein Coridon /
 Auch Hut-loß / aufzuwarten ?
Ihr hochgeschätztes Angesicht
 Die Forcht in ihm vermehret /
Soll die hoffärtig werden nicht /
 Die man schier göttlich ehret ?

## 18.

Semiramis den Ninus hat
 Das Haubt ab lassen schlagen /
Der ihr aus lieb / O Sclaven-That !
 Die Bitt nicht dörfft versagen :
So geht es / wann das Weib zum Mann /
 Die Männer Weiber werden /
Sie müssen Sclaven werden / wann
 Sie sclavisch sich geberden.

## 19.

Für ihren Herzen Sara hat
 Den Abraham erkennet /
Auch also ehrend in der That /
 Nie ihren Mann genennet /

    Das

Semper hinc illi famulata blandè,
Vix femel, fed tunc dominata juftè
(b)

## 20.

At verò mulier, nunc ab Adonide [c]
Sic culta, imperium nacta monarchicū,
   Vix maritalem famulum quotannis
Afpicit, fed non, nifi vultuofè.

## 21.

Hic noftri typus eft, formaq; fæculi,
Verfi retrogrado turpiter ordine :
   Hac via demens graditur, proinde
Nemo perverfum neget effe mundū.
                                    ELE-

(b) Gen: 21. 10. & 11. [c] Adonis Veneris ama-
tor, accipitur hîc pro quolibet fatuè inamora-
to marito.

Dahero sie dann stets ihm auch/
    Wie eine Magd/ gedienet:
Nur einmahl ihn/ doch billich/ rauch
    Zu straffen sich erkünnet.      (o)

## 20.

Wann aber jetz der Weiber-Mann
    Das Weib bedient so närrisch/
Dem Mann gebietend/ sie alsdann
    Gantz trotzig wird/ und Herzisch:
Da seynd die süsse Blicke theur
    Bey einer solchen Frauen/
Als die nie pflegt/ als ungeheur/
    Den Knecht-Mann anzuschauen.

## 21.

Diß ist das wahre Ebenbild
    Der Welt zu disen Zeiten/
Die umbgekehrt geht wüst/ und wild
    Bald ruckwerts/ bald zur Seiten:
Sie geht daher darzu noch krumm/
    Nicht wie sie wird gelehret:
Wie solte sie seyn dann nicht thumm
    Ja gottloß/ und verkehret?

      B 3        ELE-

(o) Genes. 21. v. 10. & 11.

# ELEGIA II.

Was verbotten hat allborten/ der Prophet mit

Trohungs-Worten/ und ernsthafftem Angesicht/

da er an statt Gottes spricht:

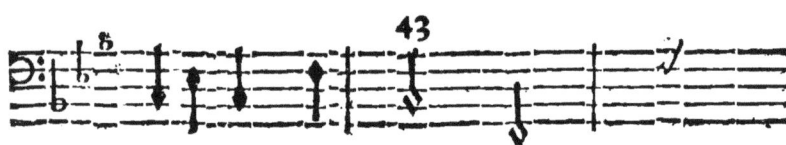

All/ und jede) auch nicht minder Fürsten/

und deß Königs Kinder / welche fremd be-

kleyden sich/ ernstlich will heimsuchen ich.

ELE-

## ELEGIA II.

*De dementia vestitus peregrini.*

Si in Germania nulla ali[
peccata forent , quàm superbi
peregrinarum vestium, mirandum no[
esset , quòd Deus illam tam sævo bello,
aliisq; pœnis tam enormibus visita-
verit, juxta illud :

Visitabo super principes , & supe[
filios regis, & super omnes
qui induti sunt veste peregrina
Soph. 1. v. 8.

I.

Distich. QUod sacer insimulat rugos[
fronte Propheta,
Intentans diras Numinis or[
minas:
Saph. Singulos, dicens, ego visitabo,
Qui peregrina tunica tume-
scunt.

Sinceri pateo

Germani-
um bon fraud

non nair os

Qui se transformat peregrinæ tegmine larvæ,
Num signum fraudis, vel levitatis erit?
Vermummen sich, betrug, Verschreyt
Macht, oder der leichtsinnigkeit.

Symb. 2.

## ELEGIA II.

### Von Torheit der fremden Kleydern.

# Wann im Teutschland keine

andere Sünden im Schwang gien-
gen / als die Hoffart der fremden Kley-
dungs-Art / so hätte sich niemand zu verwun-
dern / daß Gott daſſelbige mit so schweren Krieg / und
vilen andern Straffen so ernſtlich heimge-
sucht hat / dañ es stehet geschriebn :

Ich will die Fürsten / und des Königs
Kinder / und alle / die mit fremden
Kleydern sich bekleyden / heimſu-
chen. Soph. 1. v. 8.

### I.

WAs verbotten hat alldorten
Der Prophet mit Trohungs-Worten /
Und ernſthafftem Angeſicht /
Da Er an Statt GOttes spricht :
All' / und jede / auch nicht minder
Fürsten / und des Königs Kinder /
Welche fremd bekleyden sich /
Ernſtlich will heimsuchen ich.
Teutsche

### 2.

At hoc Teutonicæ viſum eſt mera fa-
bula genti,
Cui peregrina chlamys, patria nulla,
ſapit:
Diceres mimos agere in theatro,
Veſtibus nunquã propriis amictos.

### 3.

Numine ſed ſpreto Nemeſis juſtiſſima
telis       (a)
Sanguifluis ulta eſt exitiale nefas:
Qui Dei ſpernunt refragè Prophetas,
      (b)
Sentient ſpretæ fidei rigorem.

### 4.

Noluit & Pharao tot apertis credere
ſignis,       (c)
Dum maris aſtrueret vaſta vorago fidẽ.

Si

(a) Nemeſis, dea vindictæ. Poët. (b) Qui vos ſpernit, me ſper-
nit. Luc. 10. v. 16. Item, Qui verba ejus, quæ loquetur in
nomine meo, audire noluerit, ego ultor exiſtam. Deut. 18.
v. 19. (c) Exod. 10. per totum.

2.

Teutsche aber deſſen lachten /
Nur daraus ein Märlein machten /
　　Als die / der Land-Kleydung Feind /
　　Nunmehr fremd bekleydet ſeynd:
Die gleich den Comödianten
Prangen mit ſo unbekanten
　　Kleydern / daß man ſie nicht kennt /
　　Und nicht unrecht Gauckler nennt.

3.

Weil man aber ungeachtet
Des Verbotts / unſinnig trachtet
　　Nach nur fremder Kleyder-Art /
　　Straffet GOtt auch billich hart /
Welcher / mit ſehr ſcharpfen Ruthen
Schlagend / Teutſchland machte bluten /
　　Dann Er ſcharpf auf jenen zihlt /
　　Welcher die Propheten ſpilt.　　(a)

4.

Pharao von vilen Zeichen
Sich nicht laſſen wolt' erweichen /　　(b)
　　Biß der Meer-Schlund / doch zu ſpat /
　　Ihn gelehrt den Glauben hat:
　　　　　　　　　　　　　　Wann

(a) Wer ſeine Wort nicht hören wird / die er in mei-
nem Namen reden wird / an dem will ich mich rä-
chen. Deut. 18. v. 19. 　 (b) Pharaons Hertz iſt
erhartet. Exod. 8. v. 19.

Si negas Numen, flagra te docebunt,
Qui scelus saevis ferulis flagellat. (d)

### 5.

Unde tot aerumnae, tot atrocia spicula
Martis,
Queis, veluti nimbo, terra cruore ma-
det?
Unde Vulcani rabies, tot urbes [e]
Penè Trojanis tumulans favillis? (f)

### 6.

Unde tot extorres nativâ sede Diones,
(g)
Qui procul à patrio disperiére solo?
Unde tot nigrę modò sortis Iri, (h)
Antè vel Lydis locupletiores? (i)

Unde

(d) Visitabo in virga iniquitates eorum, & in verberibus pec-
cata eorum. Pf. 88. 33. (e) Vulcanus. Deus fabrorum ac-
cipitur hic pro incendiis. (f) Troja à Graecis post decen-
nalem expugnationem tota combusta fuit. (g) Dion extor-
ris patrio solo. (h) Irus à Poëtis pro mendico sumitur. (i)
Lydi, populus ditissimus ob fluvios, aureas arenas trahentes.

Wann du GOtt nicht wilst erkennen /
Wird Er dir das Marck einbrennen /
        Daß Er GOtt sey / und zwar der /
        Wessen Hand sehr hart / und schwer.

## 5.

Sag / woher so vil der Straffen /
Ungemach / und Krieges-Waffen /
        Die das Teutschland hart geklemt /
        Und mit Blut schier überschwemt? (c)
Wie vil Städte uns vorbilden /
Die Stadt Troja / die von wilden
        Brunsten wurden angesteckt /
        Und mit Aschen zugedeckt?

## 6.

Ach woher so viel verzagte /
Gar von Hauß / und Hoff verjagte /
        Die im Elend weit von Hauß
        Ihre Seelen blaasten aus?
Ach woher so viel erarmte /
Deren niemand sich erbarmte /
        Die / zuvor an Mittlen reich /
        Worden seynd den Bettlern gleich?
                                Sag

(c) Ich will ihre Ubertretungen mit Ruthen heim-
suchen / und ihre Sünde mit Schlägen. Pl. 88. 33.

## 7.

Unde tot infeſtata Scine , & Scyrone
viarum      (k)

Compita, ſecurus quà ferè nullus abit ,
Totq́; corvinæ ſobolesLavernæ, (<i>l</i>)
Noĉte quę totos ſpoliant Penates ?
(m)

## 8.

Unde tot arguti Phalares, teĉtique Si-
nones,      (n)

Queis cordis celat pellis ovina lupum:
Res quibus veſtes aliena inaurat ,
Et dapes lautas inopes miniſtrant ?

## 9.

Stemmata Germanæ, dic, unde tot in-
diga gentis,

Fulgida quæ quondam fecit arena
Tagi,      (o)

Nunc

(<i>k</i>) Scinis, & Scyron , latrones famoſiſſimi. (<i>l</i>) Laverna ,
dea furum. (<i>m</i>) Penates tutelares dii domorum apud Eth-
nicos, ſumuntur hîc pro domibus. (<i>n</i>) Phalaris, & Sinon,
deceptores. (<i>o</i>) Tagus , fluvius Luſitaniæ , aureas arenas
trahens.

#### 7.

Sag/ woher seynd so vil Wälder/
Ja so gar auch Weeg / und Felder
   Nun gefüllt mit Buben an /
    Daß man schier nicht wandern kan?
Sag woher so mancher Mauser/
Und verschlagne Beutel-Lauser/
   Welche offt ein gantzes Hauß
    Bey der Nacht rein blündern auß?

#### 8.

O wie vil verschlagner Kunden /
Die nie werden threu befunden /
   Uñ mit Schaffs-Haut fix/ uñ schnell
    Decken den Machiavell /     (d)
Die auß fremden Mittlen ihren
Leib mit Gold/ und Silber ziehren/
   Und den theuren Tafel-Schmauß
    Von den Armen pressen auß?

#### 9.

Wie vil Häuser Teutscher Erden
Jetz gantz arm befunden werden/
   Die zuvor gewesen reich/
    Dem Gold-Führer Tagus gleich?
                Nun

(d) Machiavellus, ein schandlicher Gottsverläug-
   ner / der nichts für Sünd gehalten / auch die
   gröste Laster nicht.

Nunc fed, exhauftis loculis ad imas
Incitas verfo fluvio, redacta?

## 10.

Quot conflatores alieni cernimus æris,
Debita qui cumulant, Plejas ut imbre
fretum, [*p*]
Ufque dum, gnari malè, creditores
Pauperes ipfi veniant fub haftam?

## 11.

Jurgia quis numeret, quis iniquos com-
putet actus,
Queis fora, queis aulæ, queis loca quæ-
que fcatent,
Sæpe quâ numi validi triumphant,
Pauperis juftâ recidente caufsâ.

Ilia-

(*p*) Plejades, ftellæ, pluvias caufantes,

Nun hat sich der Fluß gewendet
So / daß alles ist verschwendet /
    Und die nun Gelt-läre Kist
    Angefüllt mit Armut ist.

### 10.

Wie vil seynd nicht Schulden-Macher /
Ihrer Borgern nur Auslacher /
    Deren Schulden / wie das Meer
    Wann es regnet / wachsen sehr /
Biß die Borger / Guts beraubet /
Weil sie allzu leicht geglaubet /
    Da die Falschheit doch bekant /
    Selber kommen auf die Gant?

### 11.

Was ist nicht für Zanck / und Streiten
In dem Teutschland aller Seiten
    Bey dem Hoff- und Land-Gericht /
    Und wo man sonst Urtheil spricht?
Wo es offt nur dem gelinget /
Wessen Beutel lieblich klinget /
Welcher aber arm / und schlecht /
Findet weder Gunst / noch Recht.

C          Alle

## 12.

Iliadem totam póssem proferre maloru̅,
(q)
Quæ Rhamnusis atrox, sidere missa,
pluit, (r)
Ut peregrinæ foret illa vestis
Numinis jussu furialis ultrix.

## 13.

Non sic Hispanus, no̅ Sarmata, Turca,
nec Humus
Delirant variis, ut modò Teuto, stolis:
Simias illos pudet esse turpes,
Quæ leves quosvis imitentur actus.

## 14.

Tales nempe pudet, sinceros Teutonas
esse,
Ralla peregrinos, quos peregrina facit:
Sic-

(q) Ilias, 24 libri Homeri, continentes omnia mala Trojani
belli. (r) Rhamnasis, seu Nem̅ sis , dea ultrix.

## 12.

Alle Ubel zu erklären
Mir allhier unmöglich wären/
    Womit uns die Himmels=Rach
    Heimgesucht hat tausendfach/
Als die mit geschliffnen Waffen/
Teutschlands grosse Sünd zu straffen/
    Wegen fremden Kleyder=Tracht
    Ihm den Garaus schier gemacht.

## 13.

Weder Spanier / noch Polacken /
Türcken / Ungarn / noch Cosacken
    In den Kleydern wöllen ein
    Spöttlicher Vertumnus seyn:    [c]
Minder wollen Affen werden
Fremder Kleydern / und Geberden/
    Teutsche doch zu eigner Schmach,
    Alles thun / wie Affen / nach.

## 14.

Teutsch zu seyn sich dise schämmen
Also die Gestalt annemmen/
    Bey der man sie nicht erkenn' /
    Und villeicht Frantzosen nenn:
       C 2      Weil

(c) Vertumnus, hat sich in allerhand Gestalten können verändern. Poët.

Sicque perverſis animis oportet
Veſtium formam quoq; comparari.

## 15.

Nulla tulit Tellus , veluti Germanica,
gentes,
Quas alienigenus ſic malè veſtit amor,
Ut ſuos hoſtes faciant potentes ,
Pauperes ipſi, jocus, atque riſus.

## 16.

Mars de Perſarum Pellæus rege trium-
phans,     [ſ]
Perſidis ut mores induit, atque togam,
Mox, ſuis factus niger , & peroſus,
Toxico fædum ſcelus eluebat.

Cùm

(ſ) Mars Pellæus, Alexander Magnus.

Weil das Hertz dann ist verkehret/
Und die Falschheit sich vermehret/
  Muß das Kleyd/ zustimmen ein/
  Wie das Hertz verändert seyn.

### 15.

Kein Volck ist so gar unwitzig/
Das es tring' auf Kleyder hitzig/
  Welche Vatterländisch nicht/
  Wie im Affen-Land geschicht/
Wo man/ in den Kleydern prächtig/
Macht den Feind sehr reich/ und mächtig/
  Der/ wann sie nun arm gemacht/
  Tüppel-borend/ sie auslacht.

### 16.

Als der grosse Alexander
Den Darius/ als ein ander
  Mars vertilget gantz/ und gar/  (u)
  Er auch selbst gesiget war/
Weil auf Persisch er bekleydet
Und gesittet / so verleydet/
  Seinem Heer/ daß es die That
  Mit dem Gifft gerochen hat.

C 3                    Als

(u) Mars der Kriegs-Gott. Poët.

## 17.

CùmByzantini petulantes, atq; superbi
(t)
More peregrino desipuére togis,
   Cessit in pœnam sceleris nefandi
Civitas Turcis, simul atque regnum.

## 18.

Pausanias Lacedæmoniæ priùs inclytus
     heros,
Quem vix non splendor laudis ad astra
     tulit,
   Persicâ tandem tunicâ tumescens,
   Morte multatus, miserè peribat.

## 19.

Quis non suspectus, licèt insons, posset
     haberi,
Qui patrios mores despicit, atq; stolas?
            Quippe

(t) Bizantini idem quod Constantinopolitani. Sub Andronico
Juniore Constantinopoli vestes peregrinæ irrepserunt, hinc
in pœnam Turcæ eam occupaverunt. Gregoras.

## 17.

Als Constantinopel / leyder /
Sich vernarrt in fremde Kleyder /
    Und Sinn-loser / als ein Vich /
    Uppig gantz bekleydet sich /
Hat zur Straff es schmertzlich müssen
Seiner Kleydern Hoffart büssen /
    Underjocht sambt gantzem Land
    Von grausamer Türcken-Hand!

## 18.

Wegen tapfern Helden-Thaten
Ist Pausanias gerathen
    Zu so grossem Lob / und Ehr /
    Daß er nicht könt wünschen mehr /
Als er aber hoch geflogen /
Und auf Persisch aufgezogen /
    Wurd' er / kommend in Verdacht /
    Angeklagt / und umbgebracht.

## 19.

Wer solt einem solchem trauen /
Und auf seine Unschuld bauen /
    Der die Vatterlandes-Tracht
    Sambt den Sitten nur verlacht?

C 4       Dann

Quippe, qui mores amat exterorū,
Anne non fautor sit & hic eorum?

## 20.

Añon Germani peregrinæ vestis abusū
Durè senserunt, nec doluére tamen?
Hisce si nondum sapient flagellis,
Serò cum brutis Phrygibus dolebunt.
[x]

(x) Serò sapiunt Phryges. *Proverbium.*

Dann wer fremde Kleyder liebet/
Der Ausländern Sitten übet/
    Soll er nicht/ genommen ein/
    Auch ihr Freund/ und Gönner seyn?

### 20.

GOtt hat zwar das Land der Teutschen
Heimgesucht mit scharpfen Peutschen
    Wegen fremder Kleydern/ doch
    Bleibt man gantz verstocket noch:
Will bey so ernsthafften Sachen
Man kein End der Torheit machen/
    Wird beweinen man die That/
    Wann es seyn wird vil zu spat.

ELE,

# ELEGIA III.

Soll ich das Antlitz diser Tugend-

kalen Zeiten mit Thränen/

oder Rueß abmahlen/ weil es mit

Unthreu / deren es voll stecket/

schändlich be-flecket.

## ELEGIA III.

*De dementia perfidiæ.*

Summa dementia eſt perfidia, utpote ignominiofiſsima, & malum in auctorem redundans juxta illud: qui in altum mittit lapidem, fuper caput ejus cadet. Eccl. 27. v. 28. Nihilominus hodie tam domeſtica eſt, ut gemebundi cum Salomone quærere debeamus.

Virum fidelem quis inveniet? Proverb. 20. v. 6.

### I.

Saph. AN nigro pingam, lachrymiſve fœdam
  Sæculi noſtri faciem colore,
Fraudis atratam maculis, vel ipfo
    Turpiùs Afro.

### 2.

Troja vix unum genuit Dolonem, (a)
Qui fuæ matris, necis ob pavorem
Proditor factus, Danais retexit
    Abdita fati.

        Mille

(a) Dolon Trojanos explorator Trojam prodidit.

Crimen perfidiâ pejus vix extitit ullum,
  Tam nequam facinus fortè nec Orcus habet.
Verrätherey ist eine that,
Dergleichen kaum die höll waß hat.

Symb. 3.

## ELEGIA III.

### Von Torheit der Untreu.

Die Untreu ist die gröste Torheit/ indem sie sehr schmählich/ ihren eignen Herren schlägt/ dann wer einen Stein in die Höhe würfft/ auf desselben Kopf fället er : Eccl. 27. v. 28. Nichts desto weniger ist sie heutiges Tags so gemein/ daß man mit Salomon seufftzend fragen muß:

Wer wird einen getreuen Mann finden ? Prov. 20. v. 6.

### 1.

Soll ich das Antlitz diser Tugend-kahlen
Zeiten mit Thränen/ oder Ruß abmahlen/
Weil es mit Untreu/ deren es voll stecket/
schandlich beflecket?

### 2.

Troja kaum einen Dolon hat gebohren/
Durch wessen Untreu alles sie verlohren/
Weil er den Griechen/ da man ihn sehr schreckte/
Alles entdeckte.

Tau-

### 3.

Mille fed tales Alemanna Tellus      (b)
Protulit nigræ fidei Thyeftes,      [c]
Qui, velut fœtus colubri, parentis
           Vifcera rumpunt.

### 4.

Quin eò venit probitas, fidésque
Noftra, Germanis priùs execrata,
Quærat ut fpurcas in iniquitatis
           Crimine laudes.

### 5.

Heu pudor! quò non mala mens aberrat;
Flamma quam vecors agit in furorem,      (d)
Ut nefas nullum, licèt ufque fœdum,
           Sit grave factu!

### 6.

Hujus exemplum dabit ipfa Ccila,
Quæ fuum fidum (O pretium favoris)
Antè patronum voluit furenti
           Tradere Sauli.      (e)

### 7.

Et Joab, qui trux Amafam peremit,      (f)
Ofculo dulcem fimulans amorem,
                   Qua-

---

(b) Tellus, terra, (c) Thyeftes fratri fuo infideliffimus. (d) Flamma, id eft ardor. (e) 1. Rrg: 23. (f) 2. Reg: 20. v. 10.

### 3.

Tausend dergleichen seynd auff Teutscher Erden /
Welche ihrer loser / als Thyestes, werden / (a)
Die / wie die Schlänglein / so die Mutter beissen /
　　　Teutschland zerreissen.

### 4.

Ja dahin ist die Teutsche Treu gekommen /
Wovon Abscheuen man zuvor genommen /
Daß man in Lastern / die man sonst verfluchet /
　　　Lob / und Ehr suchet.

### 5.

O wie weit wird ein bös's Hertz abtrinnig /
Welches der Eyfer machet so unsinnig /
Daß man nichts achtet / wie es auch abscheulich /
　　　Schändlich / und greulich?

### 6.

Dessen zum Beyspiel Ceila mir gedeyet /
Welche von David ihres Feinds befreyet /
Dannoch dem Saul ihn für die Liebes-Thaten
　　　Wolte verrathen. (b)

### 7.

Joab / der sich am Amasa gerochen /
Hatte / falsch-küssend / schelmisch ihn erstochen / (c)
　　　　　　　　　Et-

(a) Ein falscher Mann / welcher seinem Bruder untreu
　gewest. (b) 1. Reg. 23. (c) 2. Reg. 20. v. 10.

Qualiter fifam malefida figit
           Vefpa cicadam.                    (g)

### 8.

Huc & Affueri voco janitores ,
Diceres fævos potiùs latrones,
In fuum diras dominum parantes
           Ponè machæras.                    [h]

### 9.

Heu nefas! tales Leopoldus inter
Perfidos Zambres agit Imperator,            [i]
Qui nec Augufto capiti verentur
           Tendere caffes.

### 10.

Nempe qui falfa pietate tecti,
Comminifcuntur Pilades , & agnos ,          (k)
Fraudibus fed , prò , teretes Sinones ,     (l)
           Talia patrant.

### 11.

Sphyngas hos annon reputes feroces,        (m)
Aut feris fævos magè manticoris ,          (n)
Quæ fuas fauces hominum cruentâ
           Carne faginant.

                                           Qui-

(g) Vefpa cicadam blandiendo interficit. (h) Efther 2. (i)
Zambri, infidiofus tyrannus. 3. Reg 16. v. 20. (k) Pilades
fidelis vir. (l) Sinon , deceptor. (m) Sphynx , crudele
monftrum. (n) Manticora, animal ferociffimum, huma-
nis carnibus inhians.

Etwann / wie Wespen / welche die Heuschrecken
        Falscher Weiß hecken.

## 8.

Wie deß Assuerus lose Zimmer-Hüter /
Besser zu sagen Schinische * Gemüther /
Welche / den König heimblich umzubringen /
        Wetzten die Klingen. (d)

## 9.

Auch so gar Käyser Leopold / O Schande!
Under treulosen Katzen sich befande /
Die dem gekrönten Haubt auch haben därffen
        Fangstricke werffen.

## 10.

Dise mit Treuheit ihren Schalck verblümen;
Auch so gar einen Pilades sich rümen /     (e)
Aber / als Sinon, schlimmer diß: Dreben /
        Solche That üben.

## 11.

Soll man nicht halten sie für Manticoren /   (f)
Oder für Sphyngen / die zum Mord gebohren/ (g)
Die sich mit frischem / ihnen allerbesten /
        Menschen-Fleisch mästen.

       D           Je-

---

* Schinisch / mörderisch.. (d) Esther. 2.  (e) Pilades, ein
g'treuer Mann.  (f) Manticora, ein grausames Thier/
welches dem Menschen-Fleisch hitzig nachtrachtet. (g)
Sphynx, eine grausame Mißgeburth.

### 12.

Quilibet quærit fua, non amici,
Vota fucceffu fluido beari :　　　　　　　　(o)
Proximi languet tepefactus ignis,　　　　　(p)
　　　　Proprius ardet.

### 13.

Quando Peccator ruit in profundum
Criminum, tali nihil eft iniquum,　　　　　(q)
Sed velut demens atheus, vel ipfa
　　　　Numina temnit.

### 14.

Ehnicis fi fit dolus, aut Hebræis
Crimen, an non fit magè Chriftianis?
Si foror Phœbi maculata fordet,　　　　　(r)
　　　　Num magè Phœbus?

### 15.

Et licèt frangant homines iniqui
Fœdus, & fœdent generis decorem,
Non tamen juftam fugient potentis,
　　　　Numinis iram.　　　　　　　　(s)

### 16.

Dedecus fi fit, fcelus atque grande,
Pacta fi fcindat malefidus hoftis,
Quale non dices, patriam nefandis
　　　　Prodere technis?

　　　　　　　　　　　　　　　　Hoc

(o) Ad Philipp: 2. v. 21. (p) Matth: 14. v. 12. (q) Prov.: 8. v. 3.
　(r) Soror Phœbi, Luna. (s) Phœbus, Sol. (t) Quia for-
tis ultor dominus, reddens retribuet. Jerem. 51. v. 56.

## 12.

Jedermann sucht durch arge Fünd'/ und Tücke/
Nicht seines Nächsten/ nur sein eignes Glücke:
Liebe zum Nächsten lau ist / und zertrennet/
Eigne Lieb brennet.

## 13.

Nemblich wann man im Sünden-Pful versencket /
Gröste Sünd man nicht/ Sünd zu seyn/gedencket /
Sondern/ wie es die Atheisten machen/
Gottes nur lachen.

## 14.

Juden/ und Heyden sich der Trüg-und Listen
Schämmen/ soll es dann rümlich seyn den Christen?
Sollen nicht flecken/ die den Mond verblenden /
Mehr die Sonn schänden?

## 15.

Obschon vom Bund auch böse Menschen weichen /
Mithin ihr Ehr mit Schandes-Kath bestreichen/
Werden sie doch nicht GOttes Zorn entfliehen /
Noch sich entziehen.

## 16.

Wann es unrecht/ und lasterhafft ist/ brechen/
Was die treulose Feinde theur versprechen/
Was wird nicht seyn / das Vatterland verkauffen
Feindlichem Hauffen?

D 2                    Dises

### 17.

Hoc ſcelus dirum ( lachrymando ſcribo)
Non coloratæ fidei Pelaſgos,         (*u*)
Sed priùs fidos , modò verſipelles,
        Teutonas urit.

### 18.

Sergios multos hodie videmus ,         (*x*)
Qui ſuos hoſti dominos cruentis
Suaviis, Judas velut execrandus,
        Tradere tentant.

### 19.

*Quis virum nunc inveniet fidelem ?*
[Teutonum Tellus meritò gemiſcit]
Penè cùm nullum reperire fidum
        Detur Oreſtem.       (*y*)

### 20.

Aſt habet crimen Nemeſin ſequentem;
Proditor nullus manet abſque pœna ,
Quippe tam nequam Deus ultor ipſe
        Propalat auſum.

(*u*) Pelaſgos, id eſt Græcos.   (*x*) Sergius comitis Rogerii
teſſerarius dominum ſuum Capuanis tradere volebat, quam
tamen perfidiam S. Bruno Rogerio detexit. Breviar.Rom.
6. Octob.   (*y*) Oreſtes, Piladis fidiſſimus amicus.

                      ELE-

### 17.

Dises Ertz-Laster ( schlisset zu die Ohren )
Nicht etwann Griechen / so die Treu verlohren /
Sondern die Teutsche/ die man treu gennet/
    Häfftig jetz brennet.

### 18.

Mancher sich heut wie Sergius erzeiget /     (h)
Welche dem Feind / dem Herren nicht / geneiget /
Küssend/ wie Judas/ denen Ungezifern
    Ihn überlifern.

### 19.

Ach! wo ist dann ein treuer Mann zu finden?
Seufzet das Teutschland, daß ihm möcht geschwinde/
Weil kein Orest mehr / welcher jetz verhasset /   (i)
    Blicken sich lasset.

### 20.

Aber der Untreu folget Rach mit herben
Straffen / im Rad-Beth die Verräther sterben:
Massen GOtt selber so verruchte Thaten /
    Pflegt zu verrathen.

(h) Sergius, ein Verräther.
(i) Orestes, ein seinem Freund getreuer Mann.

## ELEGIA IV.

Vil Köpffe heut/ dem Nisus gleich/
Doch/nur von fremden Köpfen reich/

voll krauser Haaren hangen/
mit falschen Haaren prangen:

Der Bart/ unwerth/ sich immerdar

gar tz kahl muß lassen scheren /

den Kopf pflegt man mit doppel-Haar uns

gütig zu beschweren.

***

# ELEGIA IV.

### *De dementia capillamenti.*

Tantos fumptus fine neceffitate in peregrinos crines, ut præfertim Teutones folent, impendere, magna dementia eft & fpuma vanitatis, excipio Magnates, & paucos aularum miniftros, malè pilatos, quibus forfan durum effet detecto capite continuò miniftrare.

Habebant capillos, ficut capillos mulierum. Apoc. 9. v. 8.

**I.**

Afclep. Nĭfos en hodie confpicimus nŏvos,                    (*a*)

Qui, fed non proprio crine fuperbiunt,

Saph. Crinibus, barbâ malè depilatâ,

Bis capillatum caput aggravātes.
                                                    Cri-

***

(*a*) Nifus rex Megarenfis, purpureos habens capillos, à filia fua Scylla iis privatus, regnum perdidit. Poët.

Num caput usq̃ adeo peregrino crine gravatum,
Forsan mane fuit vel nimis antè leve.

Daß haübt von frembdem haar mit Schwer,
muß leicht gewest seyn, oder leer.

## ELEGIA IV.

### Von Torheit der falschen Haaren/ und Parucken.

So vil hundert tausend Gulden we-
gen fremder Haaren unnothwendiger
Weiß/ wie jetz im Teutschland voraus geschicht/ ver-
schwenden/ist ja eine grosse Torheit/und ein Schaum
der Eitelkeit / ausgenommen etwann bey wenigen Hof-Mi-
nistern / welchen/ wegen Mangel der Haaren / schwer fal-
len wurde/ihren Herrn mit endecktem Haupt
aufzuwarten.

## Sie hatten Haar / wie Weiberhaar.
### Apoc. 9. v. 8.

### I.

VIl Köpfe heut/ dem Nisus gleich / [a]
   Voll krauser Haaren hangen /
Doch nur von fremden Köpfen reich/
   Mit falschen Haaren prangen:
Der Bart unwerth/ sich immerdar
   Gantz kahl muß lassen scheren /
Den Kopf pflegt man mit doppel-Haar
Ungütig zu beschweren.

D 5      Vil-

(a) Nisus, ein König hatte ein schönes Haar/wurde von sei-
ner Tochter desselbigen/und darmit seines Reichs beraubt.

## 2.

Crines multiplicant forte volatiles ,
Ut celso feriant sidera vertice :
  Sed si Scylla ferox resecet capillos,
                         (b)
  Talibus Nisis quid, amabò, fiet ?

## 3.

Cincinnis propriis turgidus Absolon,
De quercu, dolor heu ! pendulus hæ-
         ferat ,      (c)
  Debitas annon dabit ille pœnas,
  Qui capillari volitat coëmpto ?

## 4.

Qui sublimè volat, fastus ùt Icarus, (d)
Vibratisq; comis dissecat aëra :
                        Non

(b) Scylla Nisi filia, quæ patrem & capillis, & fortuna simul
  privavit. (c) 2. Reg: 18. v. 9. (d) Icarus cereis alis ,
  mare transvolaturus , calore solis solutis alis submersus est.
  Poët.

### 2.

Villeicht verdopplen sie die Zöpf/
    Daß ohne Hilff der Stiegen/
Geflüglet können dise Köpf
    Biß an die Wolcken fliegen:
Wann aber Scylla sie einmahl     (b)
    Wird ihres Haars berauben/
Wie werden sie nicht stehn so kahl/
    Beraubt der Glückes-Hauben?

### 3.

Der tolle Absalon/ als er
    Mit eignen Haaren prangte/
Und fluge Adler-schnell daher/
    Am Aichbaum-Ast behangte:
Soll dann straffwürdig seyn nicht sehr
    Der/ weibisch schier gezihret/
In dem erkaufftem Haar vilmehr/
    Als jene Kray/ stoltziret?

### 4.

Der nemblich mit behaartem Hals
    Die dünne Lufft bekrieget/
Und Zopf-befliglet stoltzer/ als
    Ein Icarus, herflieget:     (c)
                    Hier

(b) Scylla hat ihren Vatter Nisus deß schönen Glückes-Haars/ und Reichs b raubt.   (c) Icarus wolte mit wachsinen Flügeln über Meer fliegen/ als aber die Sonnen-Hitz die Flügel schmeltzend gemacht/ ist er im Meer ertrun- cken. Poët.

Nõ feco hîc crines próprios modeftos,

Carpo fed faftum comæ adulterinæ.

### 5.

Nec confundo fenes vertice debiles,
Nec quorum caput, ut defoliata frons

Tempore hibernali fterilefcit ulmi,
Vel nimis duro quatitur dolore.

### 6.

Annon fpiffa comis, qualiter arborum
Saltus congerie, cæfaries nocet,

Dum calefcentis capitis creatos
Crine fuffocat nimio vapores?

An-

Hier will ich nur den eitlen Pracht
    Deß falschen Haars beschneiden/
Die/ so der eigne Kopf gemacht/
    Nichts haben da zu leiden.

### 5.

Ich will auch nicht das falsche Haar
    Den schwach-und alten Greisen/
Noch denen/ welche immerdar
    Kopf-kräncklich seynd/ verweisen:
Noch jenen/ deren Kopf nur kaum
    Fünff Härlein hat gebohren/
Wie Winters-Zeit der Ulmen-Baum/
    Wann er die Zierd verlohren.

### 6.

Allwo das Haubt dick/ wie ein Wald/
    Mit Haaren ist besetzet/
Da wird es/ schwach auch werdend bald/
    Gefährlich offt verletzet/
In dem es pflegt zu machen heiß/
    Und Dämpfe zu erwecken/
Nachmahlen/ wo nicht folgt der Schweiß/
    Sie schädlich zu erstecken.

Wie

## 7.

Annon infolito tempore vidimus
Invifam Lachefin rûpere ftamina, (e)*
  Quando præfertim caput, à capillis
  Obrutum, pronos cohibet vapores.

## 8.

Conftat fæpè comas, tegmine crinium
Suppreffas, vetuli more, fenefcere, (f)
  Celticæ quales patitur juventæ (g)
  Frons adhuc florens capitis pruinas.

## 9.

Quid, fi fortè comas antipatethicas
Quis furis gerat, aut turpis Heroftrati,
                     Ca-

(e) Lachefis, dea fatalis, idem quod mors * Sic infignis Medi-cusVicarius Conftantiæ Profeff. in Bafi Medicinæ lib. 4. c. 1. §. 7.    (f) Faffus mihi eft quidam adhuc juvenis dominus, quòd, capillamento exiguo tempore ufus, inceperit cane-fcere, hinc abjeciffe hanc nocivam vanitatem.

    *Fit fubitò Cremes, qui modò Adonis erat.*
    Cremes vir fenex : Adonis delicatus juvenis.
(g) Celtarum juvenes adhuc in juventutis flore canefcunt.

### 7.

Wie unverhofft nicht schneidet ab
 Der Todt den Lebens-Faden /
Und legt ehzeitig in das Grab
 Offt Risen-starcke Waden :
Bevoraus wo der Kopf zu sehr
 Beschwehrt mit dicken Haaren /
Und die verschloßne Dämpf nicht mehr
 Heraus frey können fahren.

### 8.

Wer seine Haar mit Haar bedeckt /
 Da leiden sie Beschwerden
So / daß sie / ohne Lufft ersteckt /  (c)
 Bald schimmlig müssen werden :
Gleich wie der Celter-Knaben Haubt (d)
 Gantz jung noch wird bereiffet /
Weil / eh deß Frühlings sie beraubt /
 Der Winter sie ergreiffet.

### 9.

Wie wann du bist behaaret nur
 Mit eines Diebs Gefider /
Ja eines / der dir von Natur
 In allem ist zuwider ?

Wie

(c) Es hat mir kürtzlich ein junger Herr bekennt / er habe eine Parucken gar nicht lang getragen / und schon zu grauen angefangen / habe sie dahero weg geschmissen. (d) Es ware ein gewisses Volck in Franckreich / welche Celtæ genennt worden / dises Volckes Knaben wurden noch in ihrer Jugend grau.

Castus aut Joseph Veneris capillos,

An creet talis coma non tremores?

## 10.

Sumptus prætereo prorsus inutiles (h)
Pro sylva capitis vix tolerabili,

Sæpe provisi tribus, aut quaternis
Talibus dumis magè sumptuosis.

## 11.

Annon cæsaries innumerabiles
Tales criniferi despoliant comis?

Ex viris rasos faciunt Polonos,
Fœminas tondunt, Monialis instar.

Pri-

(h) Non desunt, qui unum capillamentum 20. 30. etiam plu-
ribus taleris comparent.

Wie / wann ein Joseph-keuscher Mann
  Ein Fettel-Haar solt tragen /
Solt jhm mit zittern nicht alsdann
  Das Hertz unruhig schlagen?

### 10.

Den Gelt-Unkosten will ich nicht /
  Als seuftzend / hier berühren /
Der wegen deß Haar-Walds geschicht /
  Den Besen-Stil zu zihren :
Drey / oder mehr offt müssen seyn
  Dergleichen Haar-Busch-Hecken /
Die man umb vil Gelt kauffet ein /
  Den Kopf darein zu stecken.

### 11.

Die Haar-Widhöpffe mehr / als vil
  Deß schönen Haars berauben /
Nur tragend es dem Wind zum Spil /
  Wie anderst nicht zu glauben :
Auß Männern man Pollacken macht /
  Die immer kahl geschoren /
Den Weibern geht der gantze Pracht
  Deß schönen Haars verlohren.

E                    Die

## 12.

Privatur fluidis fœmina crinibus,
Ut cinnis tumeat vir muliebribus,

    Fiat ut duplex ita turpitudo,
    Fœminæ calvæ, maris atq; compti.

## 13.

Crinitus fimulat talis Apollinem,    (*i*)
Qui vix fortè meret munia Marfiæ: (*k*)

    Par hero fervus duplicat capillos,
    Forfan his tabem capitis recondens.

## 14.

Rarò crine caput vera neceffitas,
Sed plerumque tegit fola fuperbia:

                      At-

(*i*) Apollo Deus Muficæ. Poët. (*k*) Marfias
vilis tibicen, fed protervus.

## 12.

Die Haar den Weibern schneidt man ab
    Durch gelben Gelts-Liebkosen /
Auf daß der Pracht-Hanß Locken hab
    Hinab biß auf die Hosen:
O Doppelschand! den Weibern zwar /
    So ihre Haar verlihren:
Den Männern / die mit Weiber-Haar
    Sich / gleich den Docken / zihren.

## 13.

Wie ein Apoll offt geht daher      [e]
    Ein solcher Locken-Trager /
Ein Marsias doch besser wär /      [f]
    Weil er an Gaaben mager:
Dem Knecht auch/ wie dem Herren/ nicht
    Das eigne Haar will klecken /
Villeicht weil es dem Kopf gebricht/
    Den Schwindel zu bedecken.

## 14.

Man pflegt zum Pracht nicht zum Genuß
    Die falsche Haar zu tragen /
Das zeugt derselben Uberfluß/
    Will nichts von Locken sagen.

E 2        Ein

(e) Apollo, Gott der Music bey den Poeten.
(f) Marsias ein schlechter/ doch frecher Pfeiffer.

Attamen fastum, meritò pudendum',
Splendido quivis operit colore.

## 15.

Sed nec coʼmoditas frivola crinium
Velabit tumidæ probra superbiæ:
  Ni foret fastus patiens, adOrcum(*l*)
  Centies·iret coma bis·molesta.

## 16.

Si fervens gravibus Sirius æstubus  (*m*)
Latrat, quid duplici crine molestiùs,
  Dum·genas,  semper fluitans,  fla-
    gellat?
  Forte ne muscæ caput inquietent.

Quid

(*l*) Orcus, aliàs infernus, sed hic sumitur pro fornace.
(*m*) Sirius stella in ore canis maximum æstum caloris causans.

Ein jeder doch der Hoffart-Schand
   Heimbückisch abzuweichen /
Pflegt Gleißnerisch mit Noths-Vorwand
   Sie zierlich anzustreichen.

### 15.

Der nur erdenckten Komlichkeit
   Deß Haars man billich lachet /
Deß fremden Haars insonderheit /
   So nichts / als Unruhe / machet:
Wann Hoffart nicht gedultig wär /
   So wurd man mit den Haaren /
Weil sie stets flodern hin und her /
   Bald nach dem Ofen fahren.

### 16.

Wann Sirius die matte Welt (g)
   Anbellet mit Schweiß-Hitzen /
Wie soll der Kopf nicht seyn gequält /
   Auff dem vil Köpfe sitzen /
Die dann unruhig immer fast
   Die Wangen / geißlend / schlagen /
Villeicht der Mucken Uberlast
   Deß Kopfes zuverjagen.

E 3          Was

(g) Sirius, der Hunds-Stern / welcher die grö-
ste Hitz verursachet.

## 17.

Quid cirri gemini funt, nifi virgulæ,
Quæ, fortaffe rei, tergora verberant,
Et, latens flagris fcelus arguentes,
Turgidum mentis Phaëthonta pro-
dunt.　　　[*n*]

## 18.

Ecquis non ftolidum Teutona rideat,
Qui gallo tumido ftat galeatior,
Ingerens nidum capiti comato,
Fiat ut Paffer, reor, inquilinus.

## 19.

Exul fit mifer & vertice pileus,
Ingens antè decus, nunc capitis pudor,
　　　　　Dum

(*n*) Phaëthon filius Solis, ex fuperbia temerarius, qui
patris equos regens in Padum decidit fubmerfus.
Poët.

### 17.

Was Seynd die beyde Locken doch /
    Als Rüthlein auf dem Rucken /
Villeicht / weil man straffmäßig hoch /
    Das Straff-Marck ein zu trucken?
Wann sie darein schon schlagen lind
    Im hin / und wider fahren /
So wöllen sie die Hoffart-Sünd
    Hierdurch doch offenbaren.

### 18.

Wie torecht seynd die Teutsche nicht
    Von Hoffart angeflammet /
Weil sie zum eignem Hohn-Gedicht
    Mehr / als ein Han / bekammet /
Der Kopf tragt / ob er schon nicht glatz /
    Ein Haar-Nest mit Beschwerden /
Villeicht / auf daß alda der Spatz
    Einwohner möge werden.

### 19.

Der Hut vom Kopf verbannet wird
    Nur fremder Haaren wegen /
Der doch zuvor / als eine Zird /
    Gar schön darauff gelegen:

E 4        Nun

Dum recurvatus premitur fub ulnis,
Mundus ut tales fciat effe fervos.

## 20.

Villos hîc taceo,quos modò vertici (o)
Confert Bucephalus,cur onager nihil?
(p)
Anne Vefanæ probra vanitatis
Naufeans faftum Deus approbabit?

(o) Ex villis equorum fiunt jam capillamenta.
(p) Bucephalus equus Alexandri Magni, accipitur hîc pro
　quolibet equo

ELE-

Nun/ underm Arm gerumpfet er/
 Vor Angst schier möcht' erbleichen:
Ist es/ wer Hut-loß geht daher/
 Nicht eines Dieners Zeichen?

## 20.

Ich schweige/ daß den Kopfes-Strauch
 Von Pferden man entlehne/
Ich glaube von dem Esel auch/
 Wann er hätt lange Mäne:
Wird dise thume Eitelkeit
 In GOttes Straff nicht fallen/
Als dem verhast insonderheit
 Die Hoffart ist vor allen?

ELE.

# ELEGIA V.

Der Aff ein sehr arglistigs Thier /

dem Menschen ähnlich scheinet /

thut alles nach so / daß man schier

ihn Mensch zu seyn vermeinet:

Auswendig stellt er menschlich sich/

ein garstigs Thier doch innerlich.

ELB.

# ELEGIA V.

### De malitiosa Dementia Hypocrisis.

Hypocritæ, quorum multa genera
sunt, de quibus hîc maximè atheos, & Ma-
chiavellistas perstringo, æternis ignibus
torquebuntur.

Possedit tremor hypocritas : quis
poterit habitare de vobis cum
igne devorante. Isa. 33. v. 14.

### 1.

HUmani typus est simia corporis,
Ejusdemque sagax æmula, non tamen
Dotes intus habet, queîs tumet aforis,
Nam, fingens hominem, bestia turpis est.

### 2.

Sic monstrosus homo est omnis hypocrita,
Qui celat Piladis sub cute Sergium,          (a)
De cujus labiis mel fluit Atticum,           (b)
Dum sub corde latet fœx aconitica.

Co-

(a) Pilades suo Oresti fidelis, Sergius suo domino infidelis.
(e) Mel Atticum censetur optimum.

*Pyxide Pandoræ perhibetur hypocrita pejor,*
*Quæ, fucata foris, continet omne malum.*
Die Gleissner, wie Pandoren Büchse,
Schön scheinend, voll seynd des Unglückhs.

## ELEGIA V.

### Von boßhaffter Torheit der Gleißnerey.

Die Gleißner/ deren vil Geschlechter
seynd/ ich aber hier nur die Gottsverlaug-
ner/ und Machiavellisten berühren will/ werden mit
dem ewigen Feur gepeiniget werden.

Die Gleißner ist Forcht ankommen ;
Wer wird under euch bey dem verzehren-
den Feur wohnen mögen. Ilai:33.v.14.

**1.**

Der Aff / ein sehr argliftigs Thier /
Dem Menschen ähnlich scheinet :
Thut alles nach so / daß man schier
Ihn / Mensch zu seyn/ vermeinet :
Auswendig stellt er menschlich sich /
Der wild/ und wüst doch innerlich.

**2.**

Die Gleißner solche Affen seynd /
Leuth-seelig zwar auswendig/
Doch innerlich sehr arge Feind /
Treyloß/ und unbeständig:
Aus jhren Leffzen Hönig rinnt /
Das Hertz/ Gifft-voll/ ist falsch gesinnt.

Es

### 3.

Comœdus subiens tranſtra theatrica ,
Mentitur Tyrio tegmine Cæſarem ,
Forſan vix genitus paupere Tityro ,          (c)
Poſt ſcenam miſerè cænat , ut hiſtrio.

### 4.

Quot tales hodie cernis hypocritas ,
Qui vel Cæſarea veſte ſuperbiunt ,
Cùm dites ferè ſint non niſi debitis ,
Et de ſtirpe Levi fortè propagines.          [d]

### 5.

Vertumnum ſimilat ſcilicet iſta gens ,          (e)
Dum vultus varios nequiter induit ,
Inter quos pietas , ficta ſed , eminet ,
Quæ non rarò atheum pectoris obtegit.          *

Non

---

(c) Tityrus ovium paſtor apud Virg. (d) Levi una de Tri-
bubus Iſraël : ſed hic alludo ad verbum levis. (e) Ver-
tumnus quaslibet formas aſſamere poterat. Poët.
* Pelliculam veterem retines, & fronte politus,
Aſtutam rabido geſtas ſub pectore vulpem.
*Anonymus Poëta.*

### 3.

Es pflegt offt einen Käyser der
    Comödiant zu spilen /
Wann in dem Purpur prächtig er
    Steht auf erhöchten Tilen /
Der von Geburt doch arm / und schlecht /
Im Wirths-Haus gar gespährig zecht.

### 4.

Wie mancher geht her disem gleich /
    Schier Käyserlich gezieret /
Der doch / nur an den Schulden reich /
    Im Gläubners Kleyd stolziret /
Offt von so schlechtem Adel ist /
Der balsamirt noch von dem Mist.

### 5.

Soll das Geschlecht der Gleißnern nicht
    Vom Proteus herrühren /     (a)
Weil auch so gar kein Argus sicht /   [b]
    Was sie im Wappen führen ;
Den Gotts-Verlaugner decken sie
Mit Fromkeit / da sie from doch nie.

Es

(a) Proteus könte sich in allerhand Gestalten verän-
dern. Poët.   (b) Argus hatte hundert Augen.
Poët.

## 6.

Non sic pestiferi toxica reguli,
Queis incauta necat bruta, novica sunt,
Ut perversi athei vita venefica,
Dum fallace probos schemate decipit.

## 7.

Non sic inficiunt hæretici doli,
Quorum nota satis subdola pravitas,
Quàm sub Catholico nomine perfidus,
Dum tutè Stygium toxicon evomit. (*f*)

## 8.

Num Trojanus equus, fraudis operculum (*g*)
Sub sacræ specie Relligionis, at
Sævis interiùs turgidus incolis,
Græcâ vafritie perdidit Ilium? (*h*)

Si

(*f*) Stygius infernalis. (*g*) Græci Trojam impugnantes, fabricaverunt equum ex ligno, plenum interiùs milite, per Sinonem fictè ad Trojanos profugum simulantes, se ex fato habere, si equus Trojæ clam à Græcis introduceretur, se re infectâ discedere coactum iri. Virg. 5. Ænæid. (*h*) Ilium arx Trojæ.

## 6.

Es pflegt deß Basilischen Gifft
    So schädlich nicht zu wüthen /
Wann es die thume Thiere trifft /
    Die sich von ihm nicht hüten /
Wie ein vergiffter Atheist ,
Der mit der Frommkeit deckt die List.

## 7.

Kein Kätzer schaden könt so sehr
    Mit seinen falschen Griffen /
Allweil der Irrthum seiner Lehr
    Schon Welt-weit ausgepfiffen /
Wie einer / der Catholisch sich
Anstellt / doch nichts glaubt / wie ein Vich.

## 8.

Hat die Trojaner nicht im Schein          [c]
    Der Heiligkeit betrogen
Das grosse Pferd / so sie hinein
    Selbst in die Statt gezogen /
Dem es den Untergang gebahr /
Weil es mit Feinden schwanger war?

F                    Wann

(c) Die Griechen hatten vor Troja ein grosses hölzernes
Pferd mit Soldaten angefüllt ; ein falscher Uberläuffer
sagte den Trojanern / es wäre der Götter Schluß / wann die
Trojaner dises Pferd würden in die Statt bringen / so mü-
sten die Griechen abziehen : glaubten ten Betrüger / und
brachten das Pferd in die Statt / die folgende Nacht stie-
gen die Soldaten heraus / uñ verbranten die gantze Statt.
Virg. Æneid.

## 9.

Si fortaſſe boni quid foret in malo,
Tunc longè melior quælibet hærefis
Hac putrente foret fæce atheiſtica ,
Cùm non eſſe queat fecta ſceleſtior.

## 10.

Numen nulla negat, ſit licèt impia ,
Cùm dictet ratio, quod, niſi cauſa ſit ,
Effectus maneant in nihili chao ,
Nam ſi nulla foret cauſa , nec eſſet ens.

## 11.

O cæci, Deus haud annihilabitur
Veſtrâ nequitiâ, nec jubar aureum
Bubonis minuit diffuga cæcitas :
An primævus homo finxerat ipſe ſe ?

Iii

### 9.

Wann was gutes / was es sey /
Im bösem sich enthaltet /
So gar die schlimste Kätzerey
Noch besser ist gestaltet /
Als der Gotts Läugnern Höllen-Lehr /
Weil keine ja verrucht so sehr.

### 10.

Kein Schwärmer wird verläugnen Gott /
Wie er verrucht auch immer /
Wie dise blind-verruchte Rott /
Dahero sie vil schlimmer :
Dann/ wer Vernunfft hat/ sagt ja frey /
Daß kein Geschöpf ohn' Ursprung sey.

### 11.

Es wird auch eure Boßheit nicht /
O blinde / Gott vertreiben /
Haßt schon die Eul das Sonnen-Licht /
Wird es doch glantzend bleiben :
Wo kommt der erste Mensch dann her?
Hat sich erschaffen selber er?

F 2                    Wann

## 12.

Hi fingunt homines, cùm mera bruta fint,
Dum norunt nucleos, non tamen ilicem :
Quis non hos atheos, agno-Lycaones ?　　(i)
Quis non brut-homines dixerit optimè ?　　(k)

## 13.

Hos ne terrificent maxima crimina
Perpetranda, Deum nequiter abrogant,
Tormentumque ferox Tartarei rogi
Commentum faciunt, & mera somnia.

## 14.

Hinc nullum scelus est, quod vereantur hi
Scifridi, gladiis impenetrabiles,　　(l.
Synterefis enim pectoris occidit,
Hinc pallente metu supplicii carent.

Cur

(i) Agno-Lycaones, agni, & lupi fimul, foris agni, intus lupi.
(k) Brut-homines, foris homines, intus bruta.
(l) Scifridus fingitur habuiffe corpus corneum impenetrabile,
　Poët.

### 12.

Ihr haltet euch für Menschen noch/
Die ihr nur Thier zu nennen/
Weil ihr den Apfel secht/ und doch
Den Baum nicht wölt erkennen:
Ein Wolff-Schaff/ d' Gotts-Läugner ist:
Ein Vich-Mensch/uñ ein falscher Christ.

### 13.

Auf daß ihr därffet ohne Scheuch
Die gröste Sünd begehen/
Wölt ihr/ GOtt zu vernichten/ euch
Toll-sinnig understehen:
Die Sünden-Straff/ und Höllen-Pein
Euch müssen kahle Märlein seyn.

### 14.

Dahero euch nicht förchtlich seynd
Auch Sünden / die entsetzlich/
Wie jenem Seifrid seine Feind/
Weil er war unverletzlich:
Dann ihr/vertiefft im Sünden-Schlaff/
Euch nunmehr scheucht vor keiner
Straff.

F 3                Wann

## 15.

Cur, impune scelus si sit, amabò, vos
Tam sævo gladio crimina plectitis,
Cùm vos mille tamen sæpius aureis
Injusto titulo ditet hypocrisis?　　　　(*m*)

## 17.

Furtùm fortè grave est pauca clepentibus,
His, qui multa ferunt, nec scelus infimum;
Sic estis Paridis progenies mala,
Qui favit Veneri, vos quoque fœnori.

## 16.

In vobis levis est hæc sed iniquitas,
Vix pulex elephas, grandior Indico:
Picti fortè rogi crimina vestra sint
Tantùm materies? experiemini.

Fal-

(*m*) Væ vobis Hypocritæ, qui decimatis mentham,
　& anethum, & cyminum. &c. Math. 23. v. 23.
　Et qui comeditis domos viduarum. ibid. v. 14.

### 15.

Wann eure Sünd der Straff dann frey/
    Wie därffet ihr dann straffen
Der andern Sünd mit Wütherey/
    Offt auch mit Henckers-Waffen/
Da ihr doch offt / den Juden gleich/
Durch lauter Bschauruß werdet reich.

### 16.

Ist dann / wo man nur wenig stihlt/
    Der Diebstahl groß/ hingegen
Wo man vil in den Beutel spihlt/
    Noch rühmlich auszulegen?
Ihr seyd/ wie Pariß/ welcher hold
Der Venus/ ihr zugleich dem Gold.

### 17.

Nichts sträffliches ist euch bekant
    Bey ungerechten Sachen/
Euch muß ein grosser Elephant
    Kaum nur ein Mücklein machen/
Soll eurer Sünden Straff nur ein
Gemahltes Feur seyn? Nein/ach/nein!

F 4                    Weh

## 18.

Fallax, ô quoties ! celat hypocrifin
Larvatam pietas fchemate perfido,
Dum vel facchareis propria verbulis,
Non fortaffe falus altera, quæritur.

## 19.

Qui technis alios palpat , hypocrita eft :
Devotum fimulans pravus, hypocrita eft:
Qui non, quod loquitur, fentit, hypocrita eft :
Quot non ergo parit mundus hypocritas ?   [n]

## 20.

Talis fronte Cato, fed Nero pectore,      (o)
Num non Tartareis vapulet ignibus, *
Annosâ fiquidem vulpe dolofior,
Patrator fcelerum penè fit omnium ?

Tali

(n) Is mihi juxta invifus, ut atri limina Ditis,
    Qui verbis aliud prodit, quam mente volutat.
        *Achilles apud Homerum, Iliad. 1.*
(o) Cato vir finceriffimus, Nero nequiffimus, & Tyrannus.
    * Eccl. 2. v. 14.   Qui loquuntur pacem cum proximo fuo,
    mala autem in cordibus eorum .Pf. 27. v. 4.

### 18.

Wie offt pflegt man mit Andacht nicht
Den argen Schalck zu decken
So/ daß man nichts/ als Rosen sicht
An solchen Dörner-Hecken?
Wo man zart schmeichlet/ und verrucht/
Nichts/ als den eignen Nutzen sucht.

### 19.

Ein Gleißner jeder Schmeichler ist/
Der mit dem Fuxschweiff streichet:
Ein Gleißner/ welcher nur aus List
Herein schein heilig schleichet:
Ein Gleißner/ der was falsches spricht/
Wie vil gibt es dann Gleißner nicht?

### 20.

Soll der nicht gehn zu Höllen-Pein/
Der wie ein Nero handlet/          (e)
Und dannoch will ein Cato seyn/
Doch nie einfältig wandlet/
Der/ Fuchs verdreyt auf alle Fünd/
Nicht scheuchet auch die gröste Sünd.

F 5                    Weh

(e) Nero, ein falscher/ und tyrannischer Käyser.   (f) Cato
ein sehr weiser/ und fromer Heyd. Die freundlich reden
mit ihren Nächsten/ und haben böses in ihren Hertzen.
Pl. 27. v. 4.

## 2 1.

Tali væ homini, qui pede fraudibus
Alternante duas ingreditur vias!          (p)
Errans in bivio num vagus Hercules.    [q]
Ditis flammivomum venit ad atrium?

## 22.

An non corde nigris Chriſtus hypocritis
Intentat grave væ , ſcilicet ignium;
Dum , fucata dolis , alba ſepulchra ſunt    (r)
Intus nequitiæ fœtida ſordibus!

(p) Eccl. 3. v. 28.
(q) Hercules, in bivio errans, venit ad atrium in-
    ferni. Poët.
(r) Matthæi 23. v. 27.

ELE-

### 21.

Weh dann dem / wessen thun verkehrt /
   In Trug / und List bestehet /
Und / daß sein Gut stets werd vermehrt /
   Auf zweyen Weegen gehet !   (g)
Am toppel-Weeg / wie Gleißner du
Gieng' Hercules der Höllen zu.   [h]

### 22.

Es hat ja Christus ungeheur
   Getraut den Phariseern   (i)
Das Weh / und so das Höllen Feur /
   Wie die Ausleger lehren /
Weil Gräber sie zwar weiß / wie Blust /
Inwendig doch seynd lauter Wust.

(g) Eccl. 3. v. 28.   (h)   Hercules ist bey zweyen
   Weyen nach der Höllen irrgangen. Poét. [i]
   Matth. 23. v. 27.

ELE-

# ELEGIA IV.

Seufzend will ich nun beweinen
Die das Teutschland von unreinen

die Wollüste Tag / und Nacht /
Sirier-Völckern hergebracht:

Wer zuvor geweft kein Praffer /

lebt jetz immerdar im Schmauß/

Wer offt nur getruncken Wasser/

holet jetz die Fässer aus.

## ELEGIA VI.

*De Dementia deliciarum in cibo,*
*potu, & lusu.*

Hi, quibus maximè incum-
beret, deflere sua gravia peccata,
continua bacchanalia vivunt.

Sedit populus manducare, & bibe-
re, & surrexerunt ludere. Exod.
3 2. v. 6.

### I.

NUnc Epicuream plorans plorabo vo-
luptam, *(a)*

Quam de Siriacis Teuto vocavit agris.
*(b)*

Qui Curium simulat, sed bacchanalia
vivit, *(c)* *

Et, Rechabita priùs, nunc cavat ore
cados, *(d)*

Stant

(*a*) Epicurus, Philosophus summum bonum statui in voluptate.
(*b*) Populus Siriacus deliciis apprimè deditus. (*c*) Curius,
vir prudentissimus, sed frugaliter vivens. ★ hunc versum
mutuavi ex Juvenali. (*d*) Rechabitæ vinum non bibebant.
Ieiem: 35. v. 6.

*Sinus Abraham*

*via Regia*

*Dolha*

*via Regia*

*Farciorut macter*

Mundani stulte fugientia gaudia quærunt,
Æternùm Stygÿs inde luenda rogis!
Der Mensch sucht wollust, die er theur
Bezahlen müsz im höllen-feur.

## ELEGIA VI.

### Von Torheit deß Wohllebens in Speiß/ Tranck/ und Spihlen.

Die jenige/ welche billich ih-
re grosse Sünd solten beweinen/ hal-
ten eine schier immerwehrende Faßnacht/
welches ja die gröste Torheit ist.
Das Volck setzte sich zu essen/ und zu
trincken/ und stunden auf zu spih-
len. Exod. 3 2. v. 6.

#### I.

SEufzend will ich nun beweinen
    Die Wollüste Tag/ und Nacht/
Die das Teutschland von unreinen
    Sirjer Völckern hergebracht:   (a)
Wer gewest zuvor kein Prasser/
    Lebt jetz immerdar im Schmauß/
Der offt nur getruncken Wasser/
    Höhlet jetz die Fässer aus.

Di-

(a) Die Sirjer waren denen Wollüsten gantz er-
   geben.

## 2.

Stant mensæ ingluvie ferclorum sæpe
gravatæ,
Ut sudent tremulæ sub gravitate cibi:
His, qui cænabant cum Job frugaliter
olim,
Jam daps cum Natis continuata calet.
(e)

## 3.

Queis Poppæa struit mensam, Cleopa-
traq́; præses        (f) [g]
Vix non de liquidâ miscet inaure me-
rum :
Dorcadas abstrusæ coguntur prodere
sylvæ,
Et caput Hippolitus quærere lassus
apri.        (h)

Tur-

(e) Job. 1. v. 4. (f) Poppæa fœmina voluptuaria. (g) Cleo-
patra margaritas liquefactas suo proco Antonio porre-
xit ad bibendum. (h) Hippolitus, venator insignis, su-
mitur hîc pro quolibet venatore.

**2.**

 mit Schleckereyen
 der Tisch beseßt so fast /
trend möchte schreyen
r solchem schwerem Last :
Job / mit schlecht-und mindern
sen ware wohl vergnügt /
ssen Faßnacht-Kindern      [b]
ich sich zum Schlamp verfügt.

**3.**

ie Speise reichet /
Bollust den Tisch aufdeckt :
 gar man Perle weichet /
t der Wein nun nicht mehr
              schmäckt :
der Wald muß geben /
 lang verborgen hat /
ger embsig streben
äu-Köpfe früh / und spat.

              G              Ei

H

## 4.

Turdis turritè difcus cumulatur opi-
mis,
Qui tofti citreo fæpe liquore madent:
Jugis perdices coquit & lagopodas
ignis,
Quin etiam menfam Phafidis ornat
avis. [i]

## 5.

Gallina ex fummis trahitur fylvatica
clivis,
Dapfile delicium pro petulante gula :
Nec fero latet umbrifero fecura cotur-
nix,
Quin non in vafrum rete, voranda,
cadat.

Quàm

(i) Phafidis avis, Phafianus.

## 4.

Einen aufgethurnten Hauffen
    Kranets-Vögeln man auftragt /
Die von besten Säfften trauffen /
    Daß ein Tropf den andern schlagt:
Die Schnee-Reb-und Hasel-Hüner
    Nie abgehn dem Spiß/ und Feur:
Der Fasan / deß Prachtes Diener /
    Muß da seyn / wie er auch theur.

## 5.

Die Berghenne wird gezogen
    Von den Bergen an den Spiß/
Eine Speiß / womit gepflogen
    Wird dem Fraaß mehr als gewiß:
Fette Wachtlen Nachts gerathen /
    Wann sie wollen schlaffen ein /
In das Schlau-Garn/ gebraten /
    Geilen Fraasses Speiß zu seyn.

G 2      Nichts

## 6.

Quàm non de sapido contenditur he-
patè cervi,
Et quod in ejusdem tergore puppis ha-
bet :
Nec jam sufficiunt Normanica flumi-
na mensæ, (k)
Nec quod piscosæ Tethyos unda parit.
(l)

## 7.

Ponuntur cancri, lampretæ, anguilla,
lacuftris,
Oftrea, muftelæ, truta, cyprinus, esox :
Quidq; boni Tellus, quid flumina, Pon-
tus, & aër
Parturiunt, hôc non fufficit omne
gulæ.

Fer-

(k) In Normania flumina olim erant piscofissima.
(l) Thetys, dea marina, accipitur pro mari.

### 6.

Nichts ist ihnen angenemmer /
    Als Hirsch-Leber von dem Rooft :
An dem weiß-vermengten Zemmer
    Hat der Fraß den grösten Trooft :
In den Flüssen / und Meer-Gründen
    Von geschüpptem Meer-Gesind
Kan genug man niemahl finden
    Für ein jedes Bacchus-Kind.

### 7.

Krebs / Lampreten / Treuschen / Foren /
    Austern / Bracksmen / Salmen / Aal /
Offt auch / was das Meer gebohren /
    Stellt man auf in grosser Zahl :
Was die Erd pflegt guts zu geben /
    Was die Flüsse / Meer / und Lufft /
Ist dem Fraß / und Faßnacht-Leben
    Gleichsam nur ein lärer Dufft.

Wann

## 8.

Fercula nec sapiunt, si non ea Flora co-
ronet,  (*m*)
Atq; Nabuzardan pinxerit illa croco :
(*n*)
Turgescunt variis bellaria lauta figuris,
Cernuntur Nymphæ, Pan, pyrus, at-
que cedrus ,  (*o*) [*p*]

## 9.

Cùm pateræ Bromii perfundunt ora
liquore,  (*q*)
Atq; Hebe ponit, nobile quidquid ha-
bet,  (*r*)
Si caput incaluit de musto Cypridis
uvæ,  (*s*)
Quot tunc non platerat mimica lin-
gua jocos !

Ta-

(*m*) Flora , dea florum , accipitur pro floribus. (*n*) Nabuzar-
dan juxta 70. Interpretes in cap. Hieremiæ Princeps co-
quorum.  (*o*) Nymphæ, deæ aquarum. Poët.  (*p*) Pan,
deus pastorum. Poët.  (*q*) Bromius, deus vini.  (*r*) Hebe,
pincerna Jovis. Poët, (*s*) In Cypro crescit vinum optimum.

**8.**

Wann mit Blumen nicht gezihret
    Wird die Speiß/ und schön aussicht/
Von den Köchen überschmieret
    Oft mit Gold auch/ schmäckt sie nicht/
Aus dem Zucker müssen werden
    Da ein Byr. Dort Cederbaum /
Nymph. und Hirten von Geberden/    [c]
    Die keusch anzuschauen kaum.

**9.**

Wann der Kelner dann einschencket
    Nur den allerbesten Wein /
Und der Mund/ im Glaß versencket/
    Mit Begird ihn trinckt hinein/
Auch die Hitz den Kopf zerstöret /
    Voraus / wann man trinckt zu vil/
Ach was wird nicht da gehöret
    Für ein saubers Gaugelspihl!

G 4        In

(c) Die Nymphen seynd Wasser-Göttinnen. Poët.

## 10.

Talia vix unquã conviviaSuſa paravit, (t)

Nec poterat tales continuare dapes:

O utinam non ſæpe foret quaſi Parthi-
ca menſa, (u)

In qua ſcurrilitas præſidet, atq; Venus.
(a)

## 11.

Tunc faciles Orpheûs vocat ad tripu-
dia Nymphas, [b]

Alleĉtans dulci mollia corda chely:

Duĉtor ubi antevolat crebrò levis ipſe
Cupido, (c)

Solicitatq; jocans, neſcio, quale nefas.

Laſ-

(t) Eſther. 1. (u) Parthi in conviviis erant im-
pudiciſſimi. (a) Venus, dea turpis amoris. Poët.
(b) Orpheûs, inſignis Cytharædus, ſumitur pro
Choraulo. (c) Cupido, deûs impuri amoris.
Poët.

## 10.

In der Wohn-Statt des Assueren     (c)
    Kaum ein solches Gastmahl war /
Hätte auch nicht können währen /
    Wie bey Teutschen immerdar :
Wolte GOtt / daß man verschonte
    Da der Ehr insonderheit /
Und auf Parthisch nicht beywohnte     [d]
    Venus / und Leichtfertigkeit.

## 11.

Nach dem Tisch das Saiten-Klingen
    Rufft das Weiber-Volck zum Tantz /
So sich nicht lang lasset zwingen /
    Ohne das Tantz-süchtig gantz :
Wo Cupido mit vil Schertzen     (e)
    Den Vortantz fast immer hat /
Blaasend an das Feur der Hertzen /
    GOtt weiß / zu was böser That.
                Wann

(c) Esther 1.   (d) Die Parthier triben bey denen
Mahlzeiten die gröste Leichtfertigkeiten.  (e) Cu-
pido, der geile Liebs-Gott. Poët.

## 12.

Laſſatis pedibus, pertæſi jamq; choreas,

Luſibus indulgent, dum micat alma
dies :
Tunc ſaturæ redeunt de pingui rure ca-
pellæ,                          (d)
Et ſtertunt, donec menſa parata vocet.

## 13.

Sicque diem in tenebras, in lucem nu-
bila vertunt,          (e)
Noctivagæ tales non ſimilentur avi?

Hæc eſt Chriſtiadum noſtro, prô, tem-
pore vita :
Sic Epicureis itur ad aſtra viis !          (f)

O

(d) Per capellas intelliguntur fœminæ de deliciis
domum redeuntes.   (e) Job. 17. v. 12.
(f) Epicureis, voluptuoſis.

## 12.

Wann man müd dann von dem vilen
     Springen/ nicht mehr tantzen mag/
Fangt man hitzig an zu spihlen
     Offt biß an den hellen Tag:
Wo die Geisse früh heimkehren
     Von dem grünen Laub-Gebüsch/ (f)
Und alsdann den Schlaff-Gott ehren/
     Biß sie wecket auf der Tisch.

## 13.

Also sie die Nacht verwandlen
     In den Tag/ den Tag in Nacht/ (g)
Und wie die Nacht-Eulen handlen /
     Die das Tag-Liecht flüchtig macht:
Dises ist das fromme Leben
     Jetz in Teutscher Christenheit:
Durch die Wollüst will man streben
     Nach dem Glück der Seeligkeit!

O

(f) Wann das Frauenzimmer von den Wollüsten
     nach Hauß kommt.   (g) Job. 17. v. 12.

## 14.

O talpæ, Cereris proles, fine lumine
mentis, (g)
Æthere queîs fpreto nil, nifi terra, fa-
pit !
Qui vocat hos atheos, peccat, nam nu-
men adorant,
Scilicet abdomen pingue, voraxque
fuum.

## 15.

Cùm deflere fuum deberent crimen a-
marè,
Utpote tam numero, quam gravitate
ferox,
Feftivè canitúr, bibitur, faltatur, & itur
Ad fine fine fales, heu tamen abfque
fale.

Cæ-

(g) Ceres, terra. Poët.

## 14.

O Schermáuse/ Erdens-Kinder/
    Die Stock-blind an dem Verstand/
Die den Himmel schätzen minder /
    Als die Erd/ O grosse Schand!
Gotts-Verláugner dise nennen
    Wáre aufgeschnitten rauch /
Dann sie einen Gott erkennen/
    Doch nur ihren fetten Bauch.

## 15.

Da man solt die Sünd beweinen/
    Biß die Augen Zäher-lár
Weil sie fast unzahlbar scheinen/
    Und offt seynd sehr groß/ und schwer/
Ach da singt man/ trinckt/ und springet/
    Biß die Morgenróth erwacht /
Und dergleichen Schertz fürbringet/
    Der die Keuschheit seufzen macht.

O

## 16.

O cæci, æthereas non eſt via mollis ad
oras ,

Mollis ad ignivomas eſt Phlegetontis
aquas :      (h)

Hoc naturali gens Ethnica lumine no-
vit ,

Æternos vitiis jurè minata rogos.
     (i)

## 17.

Væ vobis Crẹſis, qui nunc ſolamen ha-
betis ,      [k] *

Deliciis merſi, ſpongia ſicut aquis :

In juges tandē vertentur gaudia fletus :

Lẹtitiẹ finis non niſi luctus eris.    [l]

                Dum

(h) Phlegeton, fluvius infernalis, ſumitur pro inferno.
(i) At ſcelerata jacet ſedes in nocte profunda ,
     Abdita, quam circum flumina nigra ſonant.
                   Tibull. lib. 1. Eleg. 3.
(k) Cræſis ſumitur pro divitibus, Cræſus enim rex erat locu-
L. pletiſſimus.    * Luc. 6. v. 24.    (l) Proverb. 14. v. 13.

## 16.

O ihr blinde / nach dem Himmel
    Ist der Weeg nicht sanfft/und weich/
Höllen zu auf schnellem Schimmel
    Reitet man den Sporen-streich:
Auch die Heyden selbst erkennen
    Aus Erleuchtung der Natur /
Daß die Laster ewig brennen
    Werden / und nicht zeitlich nur.

## 17.

Weh euch / die euch nichtes kräncket /
    Die ihr alles Leyds befreyt /
In dem Wollust-Bach versencket /
    Wie der Schwann im Wasser / seyt /
Dann das Blätlein wird sich wenden /
    Und vergehn die Schnabel-Weyd:
                      (g)
Freud wird sich mit Weinen enden:
    Deren End ist nichts/ als Leyd.

                                Wer

(g) Proverb. 14. v. 13.

## 18.

Dum scandunt rupem, velut incita da-
ma, voluptæ,
Detrusi subitò Tartari ad ima cadunt:
Corniger herbiferis pascens Achelous
in agris          (*m*)
Hercule num pressus, pascua læta luit?

## 19.

Gaudia vera dabit Tellus tibi consita
spinis,
Fæta tot ærumnis, quot ferè Lerna
malis?          (*n*)
Sidera delicias dant veras, dantque
perennes,
Has quære, ęternus tunc Epicurus eris.

In

(*m*) Achelous sumitur pro bove, quia in bovem mu-
tatus fuit. Poët.  (*n*) Lerna malorum, prover-
bium, quia in hac palude hydra erat sævissima.

## 18.

Wer den Gipfel der Wollüsten
        Steiget an / den Gämbsen gleich /
Gähling fallt mit Hirns entrüsten
        In das tieffe Höllen-Teich :
Wird dem Ochsen / der geweydet /
        Biß fett worden seine Brust /
In dem Schlacht-Haus nicht verleydet
        Die genossne Grases-Lust ?

## 19.

Kan die Welt dir wahre Freuden
        Geben / die / wie eine Heyd /
Angefüllt mit Dorn-Gestäuden /
        Nichtes hat von fetter Weyd ?
Wahre Freud an keinen Orthen /
        Als im Himel ist allein :
Suche sie / so wirst alldorten
        Ewig ein Wollüster seyn.

H                    Durch

## 20.

In Canaan populus per duras ivit ere-
mos,　　　　　　　　(*o*)
Ad tam dulce folū non paradifus erat:
Maffica non potet, poclum cereale re-
cufans:　　　　　　　　*
Victrices pugnas aurea ferta manent.

## 21.

Ergo Lethiferæ vir non fit verna vo-
luptæ,
Qui fortaffe feris hoftibus Hector
atrox　　　　　　(*p*)
Fœmina fit Judith, non molli dedita
vitæ,
Interitus nofter num Paradifus erat?

ELE-

[*o*] Canaan terra voluptuofiffima. * Poculum ce-
reale, cerevifia. (*p*) Hector, dux Trojanorum,
& heros fortiffimus.

## 20.

Durch die Wüste man ja wandern
Müßte nach gelobtem Land /
Weil dahin man keinen andern
Weeg / als einen rauchen / fand:
Wer nicht hat versucht / was bitter /
Ist deß süssens auch nicht werth /
Man nur crönet jenen Ritter /
Der mit Blut gefärbt seyn Schwert.

## 21.

Also soll der Mann kein Diener. /
Minder Sclav der Wollust seyn /
Der villeicht sonst / als ein kühner
Held / dem Feind jagt Schrecken ein:
Weiber von dem weich=und zarten
Leben / sollen bleiben fehr:
Rührt nicht aus dem Wollust=Garten
Unser Leyd / und Elend her ?

ELE-

# ELEGIA VII.

Jst nicht die Zeit mehr werth/ als Gelt/
Die doch von der sorglosen Welt

Carfunckel / Gold/ und Perlein/
Geschätzt wird nicht ein Härlein:

Weil man sie fruchtloß wendet

an/ wie Affen an der Stangen

be - schäfftige/ wie Domi - tian/mit

eitlem Mucken-fangen.

## ELEGIA VII.

*De dementia fœminarum, quæ va-*
*nitates avidè fectantur.*

Si angusta porta, & arcta
via est, quæ ducit ad vitam. Math.
7. v. 13. tunc dementes illę fœminę do-
lendæ sunt, quæ viâ latâ vanitatis, & deli-
catæ vitæ abeunt ad interitum.

Væ, qui trahitis iniquitatem in fu-
niculis vanitatis. Isai: 5. v. 18.

### I.

PRęstantius num tempus est
Carbunculis, & auro,
Quod vix sed à mortalibus
Plus æstimatur hilo,
Qui reculis inanibus
Fustrantur omne tempus
Venando muscas, deses ut
Frater Titi, pudorque. (*a*)

Hi

(*a*) Frater Titi, Domitianus, qui pessimus, & desi-
diosus fuit, Titus ejus frater verò propter eximias
virtutes, & facta orbis delicium vocatus fuit.

Non ego vanior istis

Si sacra tam vanis perduntur tempora nugis,
An non his quoque spes vana Salutis erit?
Hofft man nicht eitel, da das Heil,
Wo man nur eitel lebt, und geil?

Symb.

# ELEGIA VII.

### Von Torheit jener Weibern / die der Eitelkeit gantz ergeben.

Wann die Pfort eng / und der Weeg schmahl ist / der zu dem Leben führet. Matth. 7 v. 13. So ist jenes Frauenzimer thorecht / und höchlich zu erbarmen / welches auf dem breiten Weeg der Eitelkeit / und weichen Lebens nach dem ewigen Verderben laufft.

Weh euch / die ihr das unrecht an den Stricken der Eitelkeit ziehet. II. 5. v. 18.

### I.

JSt nicht die Zeit mehr werth / als Gelt /
    Carfunckel / Gold / und Perlein?
Die doch von der Sorglosen Welt
    Geschätzt wird nicht ein Härlein /
Weil man sie fruchtloß wendet an /
    Wie Affen an den Stangen /
Beschäfftigt / wie Domitian /
    Mit eitlem Mucken-fangen.

H 4                     Von

### 2.

Hi toxicatis poculis
  Torpent inebriati,
Merſique vanitatibus,
  Nec ſomniant ſalutem :
Non tempus hîc quietis eſt,
  Nec ſcena ludionum,
In qua jocetur ludricè,
  Dum Parca claudat actum.

### 3.

In divitum ſic ſæpe fit
  Cænaculis, & aulis ,
Quà præſes eſt Volupia , (*b*)
  Cellarius Lyæus : [*c*]
Exoſa qua penuria
  Longiſſimè migravit,
Contra Vacuna molliter  (*d*)
  In purpura quieſcit.

                    Hæc

(*b*) Dea voluptatis Volupia. Poët. (*c*) Lyæus, deus
vini. Poët. (*d*) Vacuna dea otioſitatis. Poët.

## 2.

Von einem Gifft=Tranck ligen sie
    Tollsinnig / und so truncken /
Daß sie deß Heyls gedencken nie /
    In Eitelkeit versuncken /
Die Zeit allhier ist nicht das Zihl
    Zu schertzen / und zu lachen /
Biß daß der Todt dem Gauggelspihl
    Feyr=Abend kombt zu machen.

## 3.

Diß ist das Leben / fast gemein
    An Höfen / und bey Reichen /
Wo Bacchus sich stellt dapfer ein /      [a]
    Die Wollust auch deßgleichen /
Allwo der Mangel sehr /| und weit
    Verjagt wird auch mit Waffen /
Und die Faullentzer jederzeit
    Auf Purpur=Sammet schlaffen.

An

(a) Bacchus, der Sauff=Gott.

### 4.

Hæc molliores fœminas
  Irretiat catena,
Quę vanitatis aulicæ
  Plerumque funt magiftrę,
Dum gratiofę geftiunt
  Parnaffides videri,  (e)
Junonis aut de fanguine,  [f]
  Vel ftirpe Gratiarum.  (g)

### 5.

Excogitantur, nefcio,
  Quæ veftium figuræ,
Non poffet has jocofiùs
  Vel mima comminifci:
Veftis vibratur aureo,
  Bombycinoque flore,
Mirâ fuperbè fimbriæ
  Texuntur arte Cajæ.  *

Fi-

---

(e) Parnaffides, deæ liberalium artium, Mufæ. Poët.
(f) Juno, uxor Jovis. Poët.  (g) Gratiæ, deæ favo-
  rabiles. Poët.  * Caja, inventrix accupicturæ.

### 4.

An diſem Garn inſonderheit
　　Die Wolluſt-Weiber kleben /
Als welche der Hof-Eitelkeit
　　Vor andern ſeynd ergeben :
Dann ſie/ an Glückes-Gaaben reich /
　　Holdſeelig an Geberden /
So gar auch den Göttinnen gleich
　　Gehalten wöllen werden.

### 5.

Die / ſchön zu zihren ihren Leib /
　　Stets neues was beginnen /
Nicht könte Pickelhärings Weib
　　Was ſchnäckiſchers erſinnen :
Der Saum des Kleyds / ſo trefflich ſich
　　Zur eitlen Hoffart ſchicket /
Nach Arth der Caja / meiſterlich　　(b)
　　Mit beſtem Gold man ſticket.

　　　　　　　　　　　　Die

(b) Caja hat das Gold-ſticken erfunden.

### 6.

Fiblis corufcat aureis,
  Gemmifque calceamen,
Stellatus ut fic gemmulis
  Pes æmuletur aftrum :
Frons, ficut Atlas fidere,   (h)
  Suppreffa turre, fudat,
Quæ mille turget reculis,
  Ut picta cauda pavi.

### 7.

Mulásne fortè regias
  Frons talis emuletur,
Criftata quę tot plumulis,
  Et fafciis fuperbit ?
Ex auribus Smaragdine
  Jam prominent inaures,
Jam margaritis Indicis
  Auris gravata fulget.

Col-

(h) Atlas gigas, qui humeris cœlum fuftentavit.
  Poët.

## 6.

Die Schuh/ so schön von göldnerm Zwirn/
　　Wie auch von Diamant scheinen/
Daß man ja solte ein Gestirn/
　　Den Fuß zu seyn/ vermeinen:
Der Kopf von einem Thurn getruckt/
　　Daß er auch möchte grauen/
Mit Däntlereyen wohl geschmuckt/
　　Scheint/ wie ein Schweiff d' Pfauen.

## 7.

Soll solcher Tschuhu gleich nicht seyn
　　Den Königlichen Thieren/
Die mit dem Federbusch auch fein
　　Die lange Ohren zieren?
Das Ohrgehenck jetzt von Smaragd
　　Herab sehr prächtig hanget/
Von Perlein jetz der Hoffart-Magd
　　Das Ohr beschweret hanget.

　　　　　　　　　Durch

### 8.

Collum fit album nigricans
 Ceylonicis pyropis,           (i)
Vel Perficis coralliis,
 Aut albicante fuco.
Inferta fila veftibus
 Aurata purpuratis
Difcriminantur turgidæ,
 Turpique vanitati.

### 9.

Confideratur intimè
 Comptæ figura frontis,
( Sed picta tantùm fæpius )
 In blandiente vitro,
Narciffus an non merfus eft,  (k)
 Se contuens in undis?
Eheu quot 18&1 Narciffulæ
 Merguntur in Gehennam!

Si

---

(i) In Ceylone Indiæ rubini præftantiffimi inveniuntur. (k)
 Narciffus juvenis pulcheırimus, in aqua fe confpiciens, ita
 in fuæ formæ pulchritudinem exarfit, ut amplexaturus eam,
 in aquam miferit, & fubmerfus fit. Poët.

## 8.

Durch Indische Rubinen muß
   Des Halses Schwärtze fallen /
Bald weicht der angebohrne Ruß
   Durch Anstrich / und Corallen:
Die Kleyder kräuset man mit Gold
   Der Eitelkeit zu Ehren /
Die Hoffart / deren man gantz hold /
   Von Tag zu Tag zu mehren.

## 9.

Im Schmeichel-Glaß man offtermahl
   Das Angesicht betrachtet /
So underm Anstrich offt sehr kahl /
   Geruntzlet / und benachtet:
Narciß / sich in dem hellen Bach     (c)
   Bespieglend / ist ertruncken /
Wie manche auch Narcißin / ach !
   Gar in die Höll versuncken.

Wann

(c) Narcissus, ein überauß schöner Knab / welcher in ei-
nem Bronnen seine schöne Gestalt ersehend / also sich in
diselbige verliebt / daß er / sie zu umpfangen / sich in den
Bronnen gestürtzt / und ertruncken. Poët.

## 10.

Si cernerent hæ sordidam
   Mentis suæ Megæram, (*l*)
Fatale mox confringerent,
   Fractæ pavore, vitrum :
Quid tu superbis gemmulis,
   Fucoque delinita,
Si sorde conscientiæ
   Frons stercorata fœtet ?   *

## 11.

Dic fœminã quid vaniùs,
   Quæ tempus omne perdit
In corporis superbias,
   Et futilem decorem?
An Numen has creavit, ut
   Tractent inanitates,
Aut serviant Adonidi,   (*m*)
   Vitæque delicatę ?

To-

(*l*) Megæra. furia infernalis Poët.
  * Nil non admittit mulier, nam turpe putat nil,
    Cùm virides gemmas collo circumdedit, & cùm
    Auribus extensis magnos committit elenchos.
                   *Iuvenal. Sat. 6.*
(*m*) Adonis, Juvenis voluptuosus.

## 10.

Wann man auch solt' im Spiegel das
  Gewissens-Rath erblicken /
So wurde man das Hoffart-Glaas /
  Zertrümmerend / erschricken :
Wie kommt' es / daß mit Diamant-Stein /
  Und Anstrich man stoltziret /
Da doch die Seel stinckt / wie ein Schwein /
  Mit Sünden-Rath beschmieret?

## 11.

Was ist doch eitler / als ein Weib /
  So sich stets schmuckt / und zieret /
Und so / zu Diensten ihrem Leib /
  Die theure Zeit verlieret?
GOtt hat sie ja erschaffen nicht
  Zu einem waichen Leben /
Daß sie sich sollen / wie geschicht /
  Der Eitelkeit ergeben.

J                        All

* Das Weib / wann es mit Eitelkeit
  Behengt am Halß / und Ohren /
Zu jeder Sünd dann ist bereit /
  Weil sie die Forcht verlohren.
  Iuvenal. Sat. 6.

## 12.

Totus labor superbiæ,
 Tempusque consecratur,
Sed Numini vix horula
 Fortassis immolatur :
Sic tota vita pervolat
 Mulcendo vile corpus,
Nec finis est ineptiæ,
 Dum morte finiatur.

## 13.

Hæc vita pœnitentiæ
 Non est terenda nugis,
Hac nam ruente, gratiæ
 Tempusque terminatur,
Tunc inchoat perennitas
 Nullis replenda sæclis,
Quæ clauditur repagulo,
 Quod nec recludet Atlas.

O

## 12.

All' ihre Arbeit wird / O Spott /
  Sambt aller Zeit verschwendet
Zur Hoffart / kaum ein Stündlein GOtt
  Zu Ehren angewendet :
So wird das Leben zugebracht
  Mit lauter Eitelkeiten /
Biß das der Todt ein Ende macht
  Den Vichischen Torheiten /

## 13.

Die Zeit der Buß diß Leben ist /
  Und nicht der eitlen Possen /
Wann dises weicht / so ist die Frist
  Der Gnaden auch verflossen :
Da fangt die Ewigkeit dann an /
  Die niemahl sich wird enden /
Und dann der Rigel fürgethan /
  Den niemand kan verwenden.

J 2      O

## 14.

O flebilis perennitas,
Horenda reprobatis,
Qui concremantur jugibus,
Flagrans ut Ætna, flamis:  (*n*)
Non bruta funt hæc fulmina,
Nec ficta larva Panos,  (*o*)
Nam flagrat Orcus ignibus  (*p*)
Immitiùs Chimæra.  (*q*)

## 15.

Illuc nefanda vanitas,
Te, mollis Ægla, ducit,  (*r*)
Quà manfio perennis eft
In fæviente flamma:
Poft ludricas comœdias
In vanitate lufas
Ludetur & tragædia,
Prô finienda nunquam.

Tam

(*n*) Æthna, mons Siciliæ flamas evomens. (*o*) Pan,
paftor horridæ figuræ.  (*p*) Orcus, infernus.  (*q*)
Chimæra, mons flamivomus in Lycia.  (*r*) Æ-
gla, fœmina vaniffima.

## 14.

O Ewigkeit erschröcklich sehr /
    Weil man nicht kan entrinnen /
Wo die Gottlose / nimmermehr
    Erlöslich / müssen brinnen?
Diß / leyder! ist kein Schröck-Gedicht /
    Noch ein nur läres Blitzen /
In Æthna , und Chimæra nicht    (d)
    Findt man dergleichen Hitzen.

## 15.

Dorthin wird / waiche Ægla, dich    (e)
    Die Eitelkeit verdammen /
Wo du wirst brennen ewiglich
    In grausam-heissen Flammen :
Das Wollust-Spihl / womit dich hier
    Die Eitelkeit bethöret /
Zum Traur-Spihl wird dort werden dir /
    So nimmermehr aufhöret.
        J 3      Wie

(d) Æthna, und Chimæra zwey Feur ausspeyende
Berg. (e) Ægla, ein sehr eitles Weib.

### 16.

Tam fluxa num cupedula
   Sit judicanda tanti,
Pro qua vel ipfis gaudiis
   Cœleftibus relictis,
Damnarier præeligas
   Flammas ad æviternas?
Num plus fit hæc vefania,
   Quàm Pelię, dolenda?    (s)

### 17.

Si Chriftianè crederent,
   Nec perfidè cachinnis
Exfibilarent Biblia,
   Par Ethnicis poëtis,
Deterritæ profcriberent
   Delicta vanitatis,
Et nobiles has horulas
   Impenderent faluti.

De

(s) Pelia, fœmina jam fenex, & juvenefcere defide-
rans per fraudem Medeæ, in frufta fe difcindi
permifit, fed non ampliùs revixit.

## 16.

Wie kan die Wolluſt ſchätzen man
    So hoch / die ſtracks vergehet/
Mit Setzung jener Freud hindan /
    Die ewig feſt beſtehet /
Daß man um diſe in die Quaal
    Der Höllen will gelangen ?
Dergleichen Torheit hat niemahl
    Auch Pelia begangen.                    (e)

## 17.

Wann diſe / Chriſtlich-glaubend recht/
    Die Bibel nicht auslachten /
Und ein Poetiſches Gefecht
    Daraus / nur ſpöttlend / machten /
So wirde jagen man ſehr weith
    Die Eitelkeit von hinnen /
Und die zum Heyl ſo edle Zeit
    Mit groſſem Ernſt gewinnen.
        J 4                              Ein

(e) Pelia, aus Hoffnung widerum jung zu werden/
durch Betrug der Medea, hat ſich in Stücke zer-
hauen laſſen / hat ihr aber wiſt gefehlet.

### 18.

De stirpe clarâ fœmina ,
   Sed pravitate nigra ,
Quę rectiùs, quàm Jezabel, (t)
   Rumpatur à moloſſis,
Effudiit : ſe proniùs
   Ad nigra Regna Ditis
Cum Nobili, quàm ruſticis
   Ad cœlites ituram.

### 19.

Num fiet hęc Proſerpina ,   (u)
   Deformis aut Erinnys,  (a)
Quę regna demens fulgido
   Pręponit atra Cœlo ?
Num ſentit hęc prę ſidere
   Florere prata Ditis ,    (b)
Flagrare nec perennibus
   Plutonis atra flammis? [c]

                   Sic

(t) Jezabel, impia regina in vindictam à canibus depaſta fuit,
4. Reg. 9. (u) Proſerpina, dea infernalis. (a) Erinnys,
furia infernalis. Poët. (b) Dis ditis, deus infernalis. Poët.
(c) Pluto, idem, quod Dis.

## 18.

Ein Weib Zwar edel / deren Seel
    Doch brand-schwartz wird befunden /
Wohl werth / daß sie / wie Jezabel / (f)
    Gefressen werd von hunden /
Därfft sagen : Lieber in die Höll
    Will ich mit Cavalieren /
Als daß ich in dem Himel wöll
    Den Banck der Bauren zihren.

## 19.

Soll dises Muster dorten nicht
    Höllgöttin werden wöllen /
Die Trotzig an den Himmel sicht /
    Schon eine Brauth der Höllen :
Sie muß die Höll für einen Orth
    Der Lustbarkeit erkennen /
Nicht aber / daß ohn' Ende dorth
    Die Flammen werden brennen .

      J 5        Die

(f) Jezabel eine gottlose Königin / welche zur Straff
von den Hunden gefressen worden. 4. Reg. 9.

## 20.

Sic vanitas obnubilat
  Claras scelesta mentes,
Ut nauseent Cœlestia,
  Nec nauseent Avernum :
Sed sentient, quod credere
  Tam refragè recusant :
Hoc non fuisse fabulam,
  Sævus docebit ignis.

ELE·

## 20.

Die Eitelkeit in Finsternuß
   Auch kluge Sinn versencket/

Daß man vom Himmel hat Verdruß/
   Der Höllen unbekräncket:

Was aber man will glauben nicht/
   Und nur im Schertz verkehren/

Wird/ daß die Höll sey kein Gedicht/
   Das Feur sehr schmertzlich lehren.

ELE-

## ELEGIA VIII.

Ich will die Zierd der Weibern
Weil einem zarten Ange-

nicht hier Zoilisch berühren /
sicht / die Lumpen nicht gebühren: Da-

hero ich gern ihnen die Leibs-

Zierlichkeit gestatte/ doch mit Ge-

ding/ wie Paulus sie selbst gut ge-

heissen hatte.

ELB-.

## ELEGIA VIII.

*De dementia immodici, & sapientia mo-*
*desti mundi foeminarum.*

Foemina, quæ in vestitu su-
perbo laudem , & gratiam quærit,
ludibrium incurrit ; econtra encomia
meretur foemina modestè ornata.

Fallax gratia , & vana est pulchritudo:
mulier timens Dominum , ipsa lau-
dabitur. Prov. 31. v. 30.

### I.

HIc vestium decentiam
    Non carpo foeminarum,
Cùm cento turpis debitum
    Contaminet decorem,
Hinc cedo mundum foeminis,
    Hunc sed modestiorem,
Quem Doctor ipse gentium,
    Sic limitans, probavit.

Non

Von laudem demens parit, at convicia fr.
Frugalis vestit cultus honore genas.

Der Kleÿder-Pracht geschmächt wird
die Ehrbarkeit bringt lob und Ehr.

## ELEGIA VIII.

Von Torheit der übermäßigen/ und Weißheit der ehrbaren Schmuckung deß Frauenzimmers.

Das Frauenzimer/ welches in prächtigen Kleydern Ehr/ und Gunst bey der Welt sucht / erlangt nur Spott/ und Hohn ; herentgegen der ehrbare Aufzug Lob/ und Ehr.

Gunst ist falsch/ und die Schönheit eitel: Ein Weib/ so den Herrn förchtet/ ist zu loben. Prov. 31. v. 30.

### I.

ICh will die Zierd der Weibern nicht
    Hier Zoilisch berühren/     (a)
Weil einem zarten Angesicht
    Die Lumpen nicht gebühren /
Dahero ich gern ihnen die
    Leibs-Zierlichkeit gestatte /
Doch mit Geding / wie Paulus sie
    Selbst gut geheissen hatte.

Das

a) Zoilisch/ tadlerisch/ dann Zoilus war ein Haubt-Tadler.

### 2.

Non tortus ornet verticem
    Mæandricè capillus:
Non sericis sint floribus
    Vestes papaveratæ:
Non corpus auro turgeat,
    Nec colla margaritis,   *(a)*
Ut Christianæ fœminæ,
    Non Ethnicæ, probentur.

### 3.

Pulcherrimarum Chalcis est   [*b*]
    Conclave fœminarum,
Quas non ineptè civitas
    Senensis æmulatur:
Augusta, cujus jugera
    Lambens, Lycus pererrat,
De fœminarum vultibus
    Famosa, gloriatur.

                      Sed

*(a)* Mulieres in habitu ornato, cum verecundia, & sobrieta-
te ornantes se, & non intortis crinibus, aut auro, aut mar-
garitis, vel veste pretiosa. I. Tim. 2. v. 9.
*(b)* In insula Calcide fœminæ venustissimæ sunt. Athen. lib.
13. cap 32.

### 2.

Daß Haubt soll nicht gezieret seyn
　　Mit krauß-geschöllnen Haaren /
Noch Perlein / oder edle Stein　　　　(b)
　　Den stoltzen Hals umbfahren :
Prokat / und Gold auch sollen nie
　　Bedecken ihre Leiber /
Daß man für Christlich halte sie /
　　Und nicht für Heyden-Weiber. ,

### 3.

Die schönste Weiber / wie man spricht /
　　Zu Chalcis seynd zu finden /　　[c]
Von welchen die zu Senis nicht
　　Sich lassen überwinden :
Auch Augspurg / wo der Lech vorbey /
　　Das Feld benetzend / streichet /
Sein Weibs-Geschlecht ohn' Heuchleren
　　Dem Chalcischem vergleichet.
　　　　K　　　　　Die

(b) Die Weiber / daß sie in zierlichem Kleyb mit Scham /
　　unb Zucht sich schmucken : nicht mit Zöpffen / oder Gold /
　　oder Perlen / oder köstlichem Gewand. 1 Tim. 2. v. 9.
(c) In der Insul Chalcis gibt es die schönste Weibebilder.
　　Athen. lib. 13. cap. 32.

### 4.

Sed quid periculofiùs
 Formofitate vultûs,
Quæ propriæ falutis eft
 Chryfulcinum venenum,
Improvidos quin fauciat
 Lethaliter propinquos :
Nec luridis fic regulus
 Obtutibus trucidat.

         (b)

### 5.

Sunt monftra pulchritudines,*
 Quas ars dolofa fingit,
Portenta dicas comicis
 Fallaciora larvis :
Hæc illa fuco fcilicet
 Albata funt fepulchra,
Quæ putidis intrinfecus
 Squaloribus repleta.

Hæ

(b) Propter fpeciem mulieris multi perierunt, & ex hoc con-
cupifcentia, quafi ignis, exardefcit. Eccl. 9. v.9. Pulchritu-
do acutiùs telo vulnerat, & per oculos in animam defluit.
Anton. & Max. ferm de pulchritudine.

* Deles picturam Dei, fi vultum tuum materiali candore illi-
nias. S. Ambrof. Hexamer.

### 4.

Die Schönheit ( ein Schaid-Wasser-
Gifft )
Die eigne Seel durchetzet/
Und sie offt so gefährlich trifft/
Daß sie scharff bleibt verletzet:    [d]
Der Basilisck in Africa,
Durch gifftiges Anschauen
So tödlich nicht verwundet ja/
Wie Blicke einer Frauen.

### 5.

Die Schönheit/ so natürlich nicht/
Und nur von Kunst herrühret/
Ist ein vermumbtes Angesicht/
So Gaucklern nur gebühret:
Diß seynd die Gräber/ die man hat
Mit weisser Farb verhüllet/
So aber mit Gestanck/ und Kath
Inwendig angefüllet.                (e)

K 2                    Da

(d) Durch Schönheit der Weiber seynd vil zu Grund ge-
gangen. Eccl.9.v.9. (e) Was ist die Kleyder-Zierd an-
derst/ als ein Grab so auswendig ausgeweisset/ inwen-
dig aber voll deß Unflaths ist. Innoc. Papa. lib. de utili-
tate conditionis humanæ.

## 6.

Hæ, dum placere geſtiunt
 Per veſtium nitorem,
Non abſque jure diſplicent
 Ob ſpiritus tumorem :
Dum pavo ſtellas explicat,
 Nudatur inde pellis,
Opprobrium ſic proprium
 Faſtoſa mens revelat.     *

## 7.

Piſcantur hæ dum trutulas,
 Apprendit hamus algas :
Quæſita laus in ſcommata,
 Ludibriumque tranſit :
Laudarier ſuperbiam
 Audivit ecquis unquam ?
Si faſtus eſt laudabilis,
 Quidni vel omne crimen ?

Laus

---

* Qui laudes appetit , ſignificat, ſe eſſe ſuperbum.
S. Aug. ſup. Pſ. 5.

## 6.

Da dise suchen durch den Pracht
    Den Menschen zu gefallen /
Nicht unrecht sie verhasset macht
    Ihr Hoffart-Geist bey allen:
Der Pfau zeigt seinen wüsten Leib
    Wann er den Pracht ausstrecket /
Auch also ein hoffärtigs Weib
    Die eigne Schand entdecket /

## 7.

Da dise fischen / krebsen sie /
    Ja Pfützen-Graas nur fangen:
Gesuchtes Lob ist rühmlich nie /
    Wird nichts / als Schand / erlangen.
Wer hat gehört / der Hoffarth doch
    Ruhm / Ehr / und Lob beweisen ?
Ist löblich sie / so muß man hoch
    Auch alle Laster preisen.

K 3                    Dem

(d) Wer begehrt gelobt zu werden / gibt an den Tag /
daß er hoffärtig sey. S. Aug. sup. Pf. 5.

## 8.

Laus fœminæ non emicat
  Ex veſtium nitore,
Plerumque cùm ſit peſſima,
  Quę maximè ſuperba:
Encomium nec carpitur
  Ex comitate vultûs,          (*d*)
Ni virtuoſa moribus,
  Et fronte ſit pudica.

## 9.

Quis Laidam Corinthiam,          [*e*]
  Formoſitate miram,
Laudabilem deprædicet,
  Summè redarguendam?
Num digna ſit Semiramis
  Præconii vel umbra,
Quæ, Gratiis venuſtior,
  Carbunculis refulſit.

Non

(*d*) Circulus aureus in naribus ſuis mulier pulchra,
  & fatua. Proverb. 11. v. 22.   (*e*) Lais, meretrix
venuſtiſſima, ſed & vitioſiſſima.

## 8.

Dem schönen Kleyd pflegt nicht die Ehr
    Deß Weibes an zu kleben /
Weil ja die schlimste ist / die mehr
    Der Hoffart ist ergeben:
Es kan ihr schönes Angesicht
    Auch rühmlich nicht stoltzieren / (e)
Wann es die Zucht / und Sitten nicht
    An statt deß Schmuckes ziehren.

## 9.

Wie kan die Lais von Corinth /     (f)
    An Schönheit auserlesen /
Zu loben seyn / die / böß-gesinnt /
    Ein gailes Weib gewesen?
Wer ist doch / der deß Ninus Weib
    Mit Ruhm auch nur beschatte /
Die / Perlein-voll am gantzen Leib /
    Den Preyß der Schönheit hatte?

K 4      Ich

(e) Ein schön / und thorechtes Weib / ist wie ein Schwein / mit einem göldinen Ring in der Naasen. Prov. 11. v. 22. (f) Lais so wol an Schönheit / als Geilheit unvergleichlich.

## 10.

Non dico, quod damnanda fit
   Nativa pulchritudo ;
Judith, Rebecca, Ediffa, Ruth,  (f)
   Pulcherrimæ fuére,
Scriptura quas perennibus
   Encomiis inaurat,
Formofitas nam comis eft,
   Quam comat alma virtus.

## 11.

Ut fufca Phœbe Cynthii   (g)
   Fulgoribus corufcat,
Sic, fufca forma fuaviter
   Virtute purpuratur :
Ut fol repellit nubila,
   Sic omne turpe virtus :
Virtutibus fit fœmina,
   Rugis arata pulchra.

Num

(f)  Efther priùs Ediffa vocabatur. Efth. 2. v. 7.
(g)  Phœbe, Luna: Cynthius Sol. Poët.

## 10.

Ich schicke nicht zur Höllen-Gluth
    Die Leibs-Holdseeligkeiten /
Rebecca / Judith / Esther Ruth
    Voll waren der Schönheiten:
Die mit Lobsprüchen von der Schrifft
    Sehr hoch vergöldet werden /
Wo Tugend ein mit Schönheit trifft /
    Seynd rühmlich die Geberden.

## 11.

Gleich wie die Sonn mit Silber-Glantz
    Den Mond schön übermahlet /
Auch also wird vom Tugend-Glantz
    Die braune Stirn bestrahlet:
Und wie die Sonn vertreibt die Nacht /
    Auch also die Gestalten /
Die wüst seynd / schön die Tugend macht /
    Sogar die Runtzel-Falten.

K 5        Ist

## 12.

Num gratiores bellulis
   Sunt fœminæ pudicæ,
Cùm futilis procacium
   Sit vultuum venuſtas?
Ex moribus, non frontibus
   Eſt forma ponderanda,  [*b*]
Quid pulchriùs papaveris
   Eſt flore, viliùsque?

## 13.

Hæc pulchritudo ſuavis eſt,
   Quā pulchra mens decorat,
Si nobili ſit indole,
   Prudentiâq; comta:      (*i*)
Quà quæq; virtusexulat,
   Deformis eſt venuſtas:
Quid ſi taberna comis eſt,
   Sed pravus inquilinus?    ✻

                        Ma-

(*b*) Ita Menander Græcus Poëta.   (*i*) Menander.
✻ Laërtius Diog: de vita Philoſoph.

## 12.

Iſt nicht vor einem ſchönen Weib
    Holdſeelig/ welche züchtig?
Nichts werth iſt ja ein ſchöner Leib/
    Der frech/ und Hoffart-ſüchtig?
Aus Sitten koṁt der Schönheit Ruhm/
    Nicht aus den ſchönen Wangen:
Wer achtet die Magſamen-Blum/
    Die doch ſchön pflegt zu prangen?

## 13.

Die Schönheit wird geliebet zart/
    Wann ein Gemüth ſie zieret/
Das klug iſt/ und von guter Arth/
    Doch nicht darmit ſtolzieret:
Wo Tugend flüchtig muß hinaus/
    Seynd ſchandlich die Geſtalten:
Wer reißt ſich umb ein ſchönes Hauß/
    Wo Diebe ſich aufhalten?

Die

### 14.

Matrona prudens fplendidum
  Velamen execratur,
Ut certiùs fuperbiæ,
  Dementiæque fignum:
Num ftulta difcoloribus
  Cornix referta pennis,
Pavone plus fuperbiens,
  Eft facta fcena rifus?

### 15.

Nolebat Efther gemmeis
  Ornarier corymbis,          (k)
Vix regiis fe veftiens
  Talaribus coacta:
Annon Elifabetha, tunc      (l)
  Turingiæ duciffa,
Flens induebat cycladem
  Pictam, graveniq; gemmis?

### 16.

Hinc induuntur Principes
  Frugaliter modeftę,

Vix

(k) Efther: 2. v. 15.   (l) Suriu tom. 6. cap. 7.
19. Novemb.

## 14.

Die weise Frauen billich kein
    Pracht-Kleyd sich machen lassen/
Ja es/ als stoltzer Torheit ein
    Gewisses Zeichen hassen:
Müßt nicht die Krey im Feder-Schmuck/
    Mehr/ als ein Pfau hoffärtig/
Gespihlet spöttlich/ stehn zuruck/
    Weil sie bekleydt unärtig?

## 15.

Mit Edel-Steinern Träublein wolt
    Die Esther sich nicht schmucken/   [g]
Beschämmet/ wann sie prangen solt
    Im purpur/ und Goldstucken:
Elisabetha/ die geweß                        (h)
    Landgräfin in Thüringen/
Von Kummer wurde hart gepreß/
    Bekleydt mit schönen Dingen.

## 16.

Dahero gehn gar ehrbarlich
    Offt fürstliche Personen/

                                        Die/

(g) Esther. 2. v, 15.   (h) Surius tom. 6. cap. 7.
19. Novemb.

Vix sericato tegmine,
Mundoque viliore,
Ut turgeant virtutibus,
Et cœlicis Smaragdis,
Queis sint venustæ Numini,
Non scandalum pusillis.

### 17.

Quid pulchriùs sit fœminâ
Virtutibus corusca,
Quę splendor est & stemmatis,
Et gaudium mariti?
Quis non, potitus conjuge
Prudente, sit beatus, (*m*)
Cùm, diligens, corona sit, [*n*]
Mœroris & levamen?

### 18.

Annon venustas occidit
Plus flosculis caduca,
Dum defluit mox purpura,
Mox lilium genarum:

In

(*m*) Eccl. 25. v. 11.　(*n*) Prov. 12. v. 4.

Die / kaum mit Seiden kleidend sich /
    Dem theuren Schmuck verschonen /
Auf daß sie sich mit Tugend-Glantz /
    Und Himmels-Perlein zieren /
Womit / vor GOtt sie lieblich gantz /
    Die andre nicht verführen.

## 17.

Kein Weib ist schöner / als die sehr
    Von Zucht / und Tugend gläntzet /
Weil sie / deß Mannes Freud / und Ehr /
    Ihr Stammen-Haus bekräntzet.
Glückseelig ist der Mann / der ein     [i]
    Sinnreiches Weib bekommen /
Sie ist die Zierd / wodurch ihm sein
    Leydwesen wird benommen.   (k)

## 18.

Weil Schönheit dann / wie eine Blum /
    Bald welckend / sich verschleichet /
Der Gilgen / sambt deß Purpurs Ruhm
    Von schönen Wangen weichet :
                Wann

(i) Eccl. 25. v. 11.   (k) Prov. 12. v. 4.

In fronte aniles rugulas
  Grandæva fulcat ætas,
Et bruma trux exterminat
  Ver floridum comarum.

### 19.

Quę fama laudis fœminas
  Tunc flaccidas manebit,
Ni gloriosè fulferint
  Formofitate mentis?
Hæc fola namque nobilem
  Pæana promeretur:
Frons fuavis, ut defloruit,
  Fit turpis, & perofa.

### 20.

Humana fallax gratia eft,
  Et vana pulchritudo,
Numen timentes fœminæ
  Prœconium merentur:
Si laudis ambis gloriam,
  Non aucupare vanam,
Stultè, fuperba, quæritas
  In vanitate laudem.

Wann mit dem Runtzel-Pflug die Zeit
    Das Antlitz wird durchfahren /
Wie auch der Reiff verjagen weit
    Den Frühling schöner Haaren.

## 19.

Was kan ein Weib / so nunmehr alt /
    Für Lob zu hoffen haben /
Wann sie schön macht nicht die Gestalt
    Der schönen Seelen-Gaaben?
Durch dise nur kan man die Ehr
    Verdienten Lobs erlangen:
Die Schönheit wird verachtet sehr /
    Wann schandlich sie vergangen.

## 20.

Die Gunst ist falsch / mit eitlem List
    Die Schönheit ist verblümet:
Ein Weib nur das Gottesförchtig ist /
    wird billich hoch gerühmet;
Bist du begirrig auf das Lob /
    Such' es nicht in Torheiten:
Die Hoffart nur / doch irrend grob /
    Sucht Ehr in Eitelkeiten;

L          ELE,

# ELEGIA IX.

Welcher will laugnen / daß öffter die

Weiber haben ge-nommen an

mannliche Leiber: Cænis, Mann-

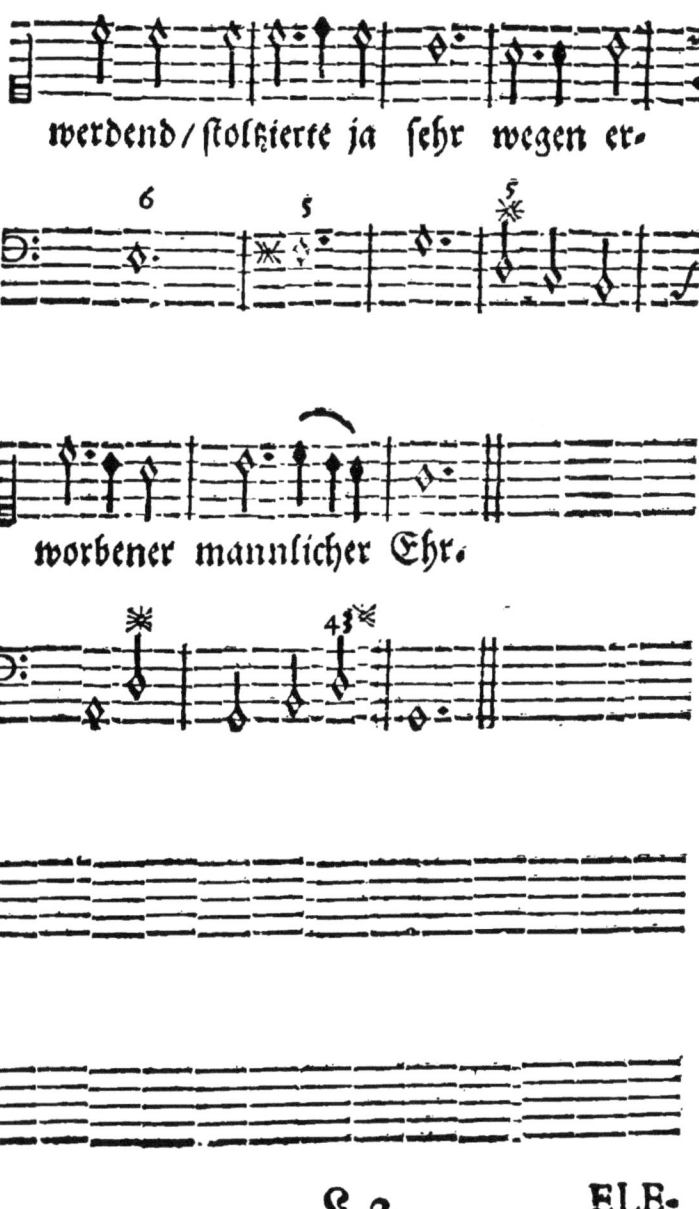

werdend/ stolßierte ja ſehr wegen er-

worbener mannlicher Ehr.

## ELEGIA IX.

*De dementia virorum delicatè vi-*
*ventium.*

Quod fœminæ deliciis, &
vanitati deditæ fint , nõ mirum eft,
utpote mollis naturæ , viros autem ef-
fœminatè vivere , non minús impium,
quàm turpe eft.
Ambulaverunt poft vanitatem , &
vani faƈti funt. Jerem. 2. v. 5.

### I.

SExûs fœminei corpora fæpius
Evafiffe viros, nemo negaverit ?
     Cænis nonne puella, (a
     Cæneûs faƈta, fuperbiit ?

### 2.

Leucippus fuerat nympha tenerrima
             (b
Tandem virgo marem nobilis induit
            Sic

(a) Cænis puella, vir faƈta eft. Ovid. 11. Metam.
(b) Leucippus ab initio Nympha fuit.

Perniciosa magis Lernæo est angue voluptas,
  Quippe ex hoc colubro pullulat omne nefas.
Die Lust ist eine Schlang, von der
Die Sünden alle kommen her.

Symb. 9.

## ELEGIA IX.

Von Torheit deren Männern/die der
Wolluſt abwarten.

Daß die Weiber denen verdamlichen
Wollüſten ergeben / iſt kein groſſes Wun-
der/ weil ſie von Natur waich ſeynd/ daß aber
auch vil Männer in der Weiber - Geſellſchafft
begriffen/iſt nicht nur ſchmächlich/
ſondern auch gottloß.

Sie haben der Eitelkeit nachgehenckt/
und ſeynd eitel worden. Jere. 2. v. 5.

### 1.

WElcher wil laugnen / daß öffter die
Weiber
Haben genommen an mannliche Leiber :
Cænis , Mann-werdend/ ſtoltzierte gar
ſehr / (a)
Wegen erworbener mannlicher Ehr.

### 2.

Eine Nymph iſt auch Leucippus geweſen/(b)
Welcher der weiblichen Schwachheit ge-
neſen :

L 3 Alſo

(a) Cænis eine Jungfrau iſt zum Mann worden.
Ovid. 11. Met. (b) Leucippus ware von Anfang
eine Nymph.

Sic formosa Philothis, (c)

Sic & Carola Guarnea. (d)

### 3.

Hæc sunt mira quidem, non tamen
undique,

His terris etenim sæpe domestica,

Dum perversa subacto

Conjux imperitat viro.

### 4.

Solus Tiresias fœmina factus est,

Virgâ percutiens leniter aspidem,

Cui sed forma virilis,

Et laus reddita denuò.

### 5.

At quot non hodie conspicimus viros,

Heroës etiam, mullierescere,

Dum vivunt magis ipsa

Molli Cypride molliùs. (e)

Hi

(c) Philothis, puella, vir facta, Trallianus lib. de Mi-
rabilibus (d) Carola, & Francisca, Guarneæ so-
rores Neapoli, viri evaserunt.

(e) Cypride, id est, Venere, dea amoris impuri.

Also die schöne Philothis, und dann [c]
Carola Guarna wurd jede zum Mann. (d)

### 3.

Dise Geschichte verwunderlich waren/
Aber nicht seltsam bey unseren Jahren/
Massen jetz mancher Mann/ übel be-
weibt/
Seiner Xantippe die Gänse austreibt.(e)

### 4.

Eintzig Tiresias, als ihn versehret
Eine Schläg/in ein Weib wurde verkehret/
Welcher/ Mann-werdend bald aber
hernach/
Frölich entgangen der weiblichen
Schmach.

### 5.

Ach wie vil sehen wir Männer auf Erden/
Helden auch/welche zu Weiberen werden/
Weilen sie leben gantz weibisch/ und
zart/
Wollust-ergeben nach Cyprischer Art.*

X 4       Dise

(c) Philothis ist aus einer Jungfrauen ein Mañ worde. Tral-
lianus lib. de Mirabilibus. (d) Carola, und Francisca, zwo
Schwestern zu Neapolis, seynd beyde Männer worden.

(e) Xantippe, das Ehweib des Socrates, ein Schaum von
bösen Weibern. * Nach Cyprischer Art/ wie es die Ve-
nus gemacht/ welche Cypris genennt wird/ und dem wei-
chen Leben ergeben war.

### 6.

Hi fortem similant scilicet Herculem,
Qui, post tot meritas clarus adoras,
    Lascivas procus inter
    Stamen torsit amiculas. (f)

### 7.

Hos dicas meritò Sardanapalides, (g)
Quorum deliciis corpora diffluunt,
    Ut fusis Arethusa    (h)
    Guttis, Myrrhaq; lachrymis.
                    (i)

### 8.

Pæstano quibus os dulcè madens
          mero,      [k]
Ferclis luxuriat more vitellij,   [l]
    Et membra anseris inter
    Molles exuvias cubant.

Non

(f) Hercules, Heros incomparabilis tandem inter amasias ne-
vit stamina. (g) Sardanapalides, asseclæ Sardanapali regis
effœminatissimi. (h) Arethusa Nympha in flumen dissolu-
ta est. Poët. (i) Myrrha in lachrymas soluta·Poët. (k) Pæ-
stanum vinum, optimum. (l) Vitellius Cæsar, epulis sump-
tuosis famosus.

6.

... zur Gleichheit deß Herculs gerathen/
Welcher nach vilen sehr rümlichen Thatē
Und den Weibern die Spindel gedreyt/
Mithin auch seines Ruhms Faden
verneyt.

7.

Sardanapeler seynd billich zu achten / (f)
Die den Wollüsten nur immer nachtrach-
ten /
Massen ihr waicher Leib/ üppig gesīnt /
In den Wollüsten/ wie Wasser/ zerrinnt.

8.

Deren Mund/ süß vom Fernatscher be-
netzet/ [g]
Sich mit Vitellius Tafel ergetzet; [h]
Deren Leib/ in die Gäns-Flaumen ge-
legt/
Nimer sich/ biß es eylf schlaget/ bewegt.
Dise

(f) Sardanapaler Nachfolger des Königs Sardana-
palus, welcher den Wollüsten weibisch ergeben. (g)
Fernatscher/ ein süsser Tyroler-Wein. (h) Kay-
ser Vitellius hat sich sehr köstlich lassen speisen.

## 9.

Non sic fortè fuit gens Sybaritica
Brutè fœmineo dedita luxui,

Cui, quod fœda libido
Suasit, displicuit nihil.

## 10.

Hos vestis tenui florida serico
Sub fervente tegit sidere Sirii,

Brumalique sub axe
Pellit frigora coccinum.

## 11.

Mæandri Tyrias sæpius aurei
Percurrunt chlamydes ordine triplici:

Auro suppara splendent
Vix non sole superbiùs.

Cri-

### 9.

Dise / gleich denen von Sybaris, leben/
Welche der Wolluft gantz vichisch ergeben/
Also/ daß nichtes sie schröcken könt' ab
Von dem/ was ihnen die Geilheit ein-
gab.

### 10.

Dise / im Sommer / die Hitze zu meiden/
Kleyden den Leib mit geblümeter Seiden:
Winters-Zeit man sich mit Scharlach
bedeckt/
Also die grimmige Kälte abschröckt.

### 11.

Schlangenweiß göldene Schnüre mit
Hauffen
Ihre bepurpurte Kleyder durchlauffen/
Gold-gestückt also das Wammes muß
seyn/
Daß es der Sonnen verkleinert den
Schein.

Ihre

### 12.

Crinis terga fluit sparsus ad infima,
Qualem nec mulier nutrit Iberica, (*m*)

Vix portabile pondus,
Ni quis sit bove fortior.

### 13.

Oderunt tamen hi mordicùs otium,
Quare, ne pereat tempus inaniter,

Gnavè dulcibus illud
Carnis deliciis sacrant.

### 15.

Chartarum foliis, sortibus aleæ,
Ducendis choreis, & sale ludrico

Lucrantur pretiosa
Magnis tempora quæstubus.

Non

(*m*) Iberica, Hispanica.

### 12.

Ihre Haar fliessen den Rucken hinunder
Länger/ als Spanischen Weibes-Haar-
Plunder
Der so dick/ und so lang/ daß er auch
wár
Einem gemásteten Ochsen zu schwer.

### 13.

Dise/ als welche den Müßiggang hassen/
Keine Zeit schleichen hin ohne Frucht las-
sen/
Heiligen solche mit hitziger Brust
Ihrer Hertz-Göttin der leiblichen Lust.

### 14.

Massen sie/ spilend mit Würfflen/ und
Karten/
Tantzen/ kurtzweilen/ und Damen-auf-
warten/
Nutzlich gewinnen die köstliche Zeit/
Heilig abschaffend den Müßiggang
weit.

Wol-

## 15.

Nõ perdunt precibus tempus inanibus,
Ut vecors mulier, fæxque monaftica:
Præftat fabula mimi
Commentis cathedralibus.

## 16.

Quærunt delicias inter Oreades, (*n*)
Quà fectantur apros, quà cadit ardea,
Quam falco vafer urget
Venatu recreabili.

## 17.

Hi,quicquid cruciat corpus,Adonides*
Vitant, ut pavidæ retia capreæ:
Crux his,Cypride natis, (*o*)
Infernalis Erinnys eft. (*p*)

An-

(*n*) Oreades, deæ montium, & fylvarum. * Ado-
nides, delicatuli, ut Adonis fuit. (*o*) Filiis Ve-
neris. (*p*) Erinnys, furia infernalis.

### 15.

Wollen die Zeit nicht / wie Mönchen mit
ihren
Eitlen Andachten / vergeblich verlihren :
Besser ist / was der Comödiant spricht /
Als das auf Cantzlen nur Pfaffen-
Gedicht.

### 16.

Lustig im duncklen Forst sie sich ergetzen /
Wo sie den schaumenden Sauen nach-
hetzen :
Baissen die Reyger durch Falckischen
List /
Welches zu sehen / ergetzlich sehr ist.

### 17.

Dise vor jedem Creutz ärger erschricken /
Als die Reh vor den gespannten Garn-
Stricken /
Weilen von Venus sie schreiben sich her /
Schrecket das Creutz sie / wie eine
Megär. (i)
Soll

(i) Mægera, eine höllische Furi. Poët.

### 18.

Añon androgynus dicitur ille vir, [q]
Qui vivit petulans in mare fœminam,

Cujus mens muliebris,
Solùm barba virilis eſt.

### 19.

Qui, Baccho, & Veneri tempora con-
ſecrans,                              (r)
Nil virtutis habet, quàm Sycophanticę;

Hac vita tamen amens
Cœli gaudia ſomniat.

### 20.

Annon corda viros mollia dedecent ?
Si vis Tartareis ignibus eximi,

Vir ſis fortis, oportet,
Non vir fœmineus; vale.

ELE-

(q) Androgynus, utriuſq; ſexûs homo. (r) Bacchus,
Deus vini, Venus, dea impuri amoris. * Qui hoc
faciunt, regnum Dei non conſequentur. ad Gal.
5. v. 21.

### 18.

Soll nicht ein Zwidarm der werden ge-
nennet /
Wo man was mannliches schwerlich er-
kennet /
Wo kein Manns-Zeichen/ als etwann
der Bart /
Das Gemüth aber von weibischer Art?

### 19.

Welcher aufopfert der Wollust sein Leben/
Keiner / als trüglicher / Tugend ergeben/
Dannoch / ob er schon die Tugenden
haßt /
Thorecht von Himmels-Freud traumen
sich laßt.

### 20.

Soll sich ein Mann nicht der schnöden Lust
schämmen /
Suchen dieselbe starckmütig zu tämmen ?
Soll dich nicht brennen die höllische
Kohl/
Mußt du kein Weib seyn; gehabe dich
wohl.

M                                    ELE.

## ELEGIA X.

Der Sig wird rümlich sehr bey dem be-

funden / der sich selbst ritterlich hat über-

wunden : was hilfft es aus dem Feld

die Geren schlagen/ wann du/ dein

eigner Knecht/ mußt Feſſel tragen?

---

## ELEGIA X.

*Viri sapientes, & fortes nauseant
delicias.*

Qui mala desideria froe-
nant, & se ipsos vincunt, heroês
sunt generosi.

Qui vicerit, dabo ei sedere mecum
in throno. Apoc. 3. v. 21.

### 1.

Phalæ-
cium
purum
ILli glorificant viros triumphi,
Quos de se domitis piè reportant:

Quid vicisse juvat Getas feroces, (*a*)
Si carnis propriæ sit ille verna ?

### 2.

Quid Samsona juvat tulisse clara
De tot belligeris trophæa turmis,

Hunc dû fœda Cypris revinxit astu, (*b*)
Quem non tota phalanx subegit armis?

Tur-

(*a*) Getæ, populus ferox. (*b*) Cypris, Venus, per quam hîc
Dalila intelligitur.

Magnanimi renuunt heroes Adonides esse,
  Gloria de spinis, ut rosa, clara venit.
Ein Held will seyn kein waicher knab,
Vom dorn bricht man Ehr=Rosen ab.

# ELEGIA X.

Weise/und starcke Männer abscheuchen
die Wollüste.

Die Männer/welche ihre böse Begir-
den im Zaum halten / seynd Ruhm-
würdige Helden.

Wer überwindet / dem will ich geben
zu sitzen auf meine Stul. Ap. 3. v. 21.

### 1.

Der Sig wird rümlich sehr bey dem be-
funden /
Der sich selbst ritterlich hat überwunden:
Was hilfft es/ aus den Feld die Geten
schlagen / (a)
Wann du/dein eigner Knecht/ mußt Fessel
tragen?

### 2.

Was Ehr hat Samson doch von seinem Si-
gen /
Dem fast ein halbes Heer mußt'underligē/
Weil er vom gailen Weib sich ließ bezwin-
gen /
Dem vil Volck könte nicht den Sig abtrin-
gen /

M 3      Dem

(a) Die Geten seynd ein wildes Volck.

### 3.

Turriti fecuit caput Goliæ
Jeſſæus Juvenis feroce ferro,　　(c)
Quem deîn magnanimum virum, du-
cemque
Lotrix læſit iners hiante plagâ.

### 4.

Num Rex Æmathius ſua potenti　[d]
Totum penè manu domavit orbem,
Quem laudis tamen, heu! cupido ſtra-
vit,
Dum divos cupiit tumens honores?

### 5.

Annon terrifici, ferique Phocæ　　(e)
Succeſſor, fidei corona noſtræ,
A Perſis repetens crucem ſalutis,
Infelix periit fide negatâ?

Qui

(c) Jeſſæus juvenis, Rex David. (d) Rex Æmathi-
us, Mag: Alexander. (e) Phocæ nequiſſimi Im-
peratoris ſucceſſor erat Heraclius, prius pius, tan-
dem apoſtata factns.

### 3.

Dem Fleisch-Thurn Goliath nach vilen
Wochen
Der junge David hat den Hals zerbro-
chen /
Da er vor keinem Feind sich mehr entsezte /
Ihn eine Badetin sehr hart verlezte.　(a)

### 4.

Hat Alexander nicht / sehr groß zu wer-
den /
Ihm underjochet gantz den Kräys der Er-
den :
Die Ehrsucht aber hat besigt ihn spöttlich /
In dem er wolte seyn geehret göttlich.

### 5.

Der / als der Phocas, das Unthier verreckte /
Zum Käyser werdend / Freud / und Trost
erweckte :
Der von den Persern hat das Creutz erwor-
ben /
Ist als ein Mamaluck / * hernach verdorbē.
M 4　　Wer

(a) Bethsabea. * Ein Glaubens-Abtrinniger. He-
raclius zuvor eine Freud der Christenheit / hat sei-
nes Bruders Tochter aus Geilheit geheyrathet / und
ist als ein Ketzer gestorben. Zonaras P. Diac. lib. 18

## 6.

Qui deſiderium domare neſcit,
Ut nauclerus iners ſecat profundum,

Nam raptus Boreâ ſubit charybdim,
Et ruptâ miſerè perit carinâ.

## 7.

Num mundi typus eſt ſalum doloſi,
Allectans fluidi nitore vitri,

Tunc motis Zephyris, Notiſq́; blandis,
Abſcondit, pelago furente, ſyrtim.     *

## 8.

Sirenum modulos ciet canoros,
Queis dulces ſociat cheles Arion :     †

Tunc æſtu nimio movens hiatum,
Anteñas tremulas in ima ſorbet.

Sic

* Syrtis locus periculoſus in mari.
† Arion cytharædus marinus inſignis.

## 6.

Wer die Begirde nicht hebt bey den Haa-
ren /
Ist wie ein Ruderknecht/ der unerfahren/
Der dann / bald hin / bald her vom Wind
gerissen /
Wird in den Würbel-Schlund hinein ge-
geschmissen.

## 7.

Wird nicht der falschen Welt das Meer
verglichen /
So/ mit hell-fliessendem Glaß überstri-
chen/
Den sanfften Zephyr-Wind mithin erwe-
cket /
Und die gefährliche Meer-Klippen decket?

## 8.

Da müssen lieblich die Meer-Fräulein sin-
gen/
Arions Seiten-Spil anmütig klingen: (b)
Wann dann die Wellen sich Berg-hoch er-
heben /
Da sinckt das Schiff zu Grund mit krach-
und beben.

M 5 Auch

(b) Arion, ein trefflicher Lautenspiler im Meer. Poët.

### 9.

Sic vir, qui fluidę ſtudet voluptæ,
Se credit pelago tumultuoſo,

Si non deliciis neget furorem,
Ad Ditis ſcopulos gemens peribit. (*f*]

### 10.

Sirenes habet & ſuas voluptas,　　[*g*]
Quæ ſuavi rapiunt canore mentes,

Si quis non fuerit ſagax Ulyſſes,　(*h*)
Hunc ad Tartaream trahent abyſſum.

### 11.

Ut vento rapitur furente pluma,
Pergens ancipiti viâ per auras,

Sic, quò vult, teneros cupido raptat,
In fœdam ſcelerum trahens cloacam.

Spi-

(*f*) Ditis, id eſt, inferni. (*g*) Sirenes, monſtra ma-
rina, quæ, ſuaviter canendo, perdunt naves. (*h*)
Ulyſſes, canentibus Sirenibus, ſociorum aures ce-
ra oppilavit, & periculum evaſerunt.

## 9.

Auch also / wer sein Thun auf Wolluſt
bauet /
Sich einē wilden Meer thorecht vertrauet:
Wann er nicht mannlich ihr wird wider-
ſtreben /
Wird er / Heil-ſcheiterend / den Schifflohn
geben.

## 10.

Sie hat Meerfräulein auch / die gleich den
Raubern /
Mit Liſtes-Süßigkeit die Siñ verzaubern:
Wer nicht / wie ein Ulyſs, ſich wird bewah-
ren /          (c)
Wird in die Höll hinein unglücklich fah-
ren.

## 11.

Gleich wie ein Federlein / vom Wind be-
rühret /
Durch ungewiſſe Weeg hin wird geführet:
Auch also pflegt die Luſt dich fort zureiſſen.
Und in den Sünden-Pful hin zuſchmeiſſen.
Die

(c) Ulyſſes, als die Meerfräulein geſungen / hat er-
ſeinem Geſellen die Ohren mit Wachs verſtopfft /
wordurch ſie der Gefahr entrunnen.

## 12.

Spinis fueta manus rofas revellit:
Agreftis fegetem labor reportat:

Alcides meruit labore palmas:     (*i*)
Non pangunt Superi trophæa pigris.

## 13.

Trojani Danais truces fuére,     (*k*)
Dum fortes fteterant fagis amicti,

Tandem defidiâ, meróque merfi,
Cefferunt timidi feris Pelafgis.

## 14.

Quis Magni, rogo, Caroli labores (*l*)
Nefcit, cùm tamen effet Imperator,

Qui, tantùm tenui refectus efca,
Hirtis interulis domabat artus.

Hen·

(*i*) Alcides five Hercules infignis heros. (*k*) Danai, & Pelaf-
gi, Græci. (*l*) Carolus Magnus non plura otdinariè, quàm
quinque fercula Cæfareæ menfæ apponi voluit, cilicio fu-
um corpus domans. Cranziusde Reb. Saxon. lib. 2. cap. 8.

### 12.

Die Dorn-gewonte Hand vil Rosen pfli-
cket :

Durch Mühe mit Korn die Scheur wird
angespicket :

Mühe hat den Hercules gekrönt mit Sigen :

GOtt krönet jene nicht/ die müßig ligen.

### 13.

Die Griechen Troja hat gemacht zu schan-
den/

So lang im Harnisch sie hertzhafft gestan-
den /

Da aber sie im Wein und Schlaff versen-
cket /

Hat sie der Griechen Trutz zu todt gekrän-
cket.

### 14.

Wer weißt die Arbeit nicht Carols deß
Grossen /                                    (d)

Der auch als Käyser hin die Lust gestossen :

Den Fraß/ und Kleyder-Pracht hat er ge-
hemmet/

Und mit dem Busses-Kleyd die Lust ge-
temmet.

Hein-

(d) Käyser Carolus der Grosse/ hat auf seine Käyserliche Ta-
fel ordinari nicht mehr als fünff Speisen auftragen lassen/
seinen Leib hat er mit einem härinen Buß-Kleyd getem-
met. Cranzius de Reb. Saxon. lib. 2. cap. 8.

## 15.

Henricus quoq;,Carolusq;Quintus(*m*)
Romani Imperii vel ambo foles,

Vixerunt rigidos dies fub oftro,
Caftis ille toris, hic afper in fe,

## 16.

Dantur, qui fubigunt folum, falúmq;
Telluris cupidi, polo relicto,

Tandem, falce necis fecante meffi ,
Fraudantur, dolor heu! bonis utrifque.

## 16.

Hi, qui delicias, decúfque quærunt ,
Venantur ftolidè Notos fugaces;

Si fubfis tibi non, licèt fit orbis ,
Infames Totilæ canes triumphos.   (*n*)

Qui

(*m*) S. Henricus abftinuit fe à toro, Carolus V. fe fæpius ufque
ad effufionem fanguinis flagellavit. Laur. Beitlink in opere
Chronograph. ad annum 1598.   (*n*) Totila , Hunnorum
rex triumphator maximus, fed abfq; honore,quia injuftè,&
tyrannicè.

### 15.

Heinrich/ und Carolus der fünffte waren
[e]
Zwo Sonne/  die mit sich sehr streng ver=
fahren /
Heinrich keusch lebend in der Eh : 8 andre/
Sich geißlend / doch im Krieg ein Alexan=
der.

### 16.

Es seynd/ die Land/ und Meer sighafft be=
zwingen/
Nicht auf den Himmel/ auf die Erd nur
tringen/
Da rafft sie hin der Todt von diser Erden/
Wo beyder Güthern sie beraubet wer=
den !

### 17.

Die nur an Lust/ und Ehr Belieben tragen/
Den schnellen Winden nach Wan=witzig
jagen:
Dann wer die Welt/ doch sich nicht/ über=
windet /
Nur Schand/ wie Totilas, am Sigen findet.
Die

(e) Der H. Käyser Heinrich hat sich deß Eh=Bets
enthalten/ Carolus, der fünffte offt biß aufs Blue
gegeißlet.

### 18.

Qui corpus metuunt ſuum rebelle
Debellare, ſibique ſubjugare,

Num tales leporis viri merentur
Nomen, dum domat hos inerme cor-
pus ?　　　(o)

### 19.

Si quis ſit domitor ſuæ voluptæ,
Plus laudis meret, ac ſubactor orbis:

Talem gemmiferæ ſui magiſtrum
Demiſſæ Superis manent coronæ.

### 20.

Ergo ſſs alacer vir, atque fortis,
Si vis æthereis tumere ſertis:

Te vincas, opus eſt, tuoſque nevos,
Tunc præſtans eris, atqua glorioſus.

ELI-

(o) Si ſit turpe, virum muliebri incedere veſte,
Turpior an non huîc mens muliebris erit ?

## 18.

Die ihren ärgsten Feind/ den Leib nicht
därffen /
Nur aus Zaghaftigkeit sich underwerffen/
Den Nahmen eines Manns unwürdig
tragen /
Weil ihr wehrloser Leib sie macht verza-
gen .        [f]

## 19.

Wer in den Kappen-Zaum die Wolluft
reitet /
Thut mehr/ als einer/ der die Welt bestrei-
tet :
GOtt selbst von Perlein ein Sigkräntzlein
flechtet
Dem / der starck wid die Wollüsten fechtet.

## 20.

So sey ein starcker Mañ/ es ist vonnöthen/
Die böse Sinnlichkeit hier abzutödten /
Thu' es / so wirst du den Sigkrantz erlan-
gen /
Und dorten ewiglich sehr herrlich prangen.
N        ELE.

(f) Steht an dem Mann ein Weibs-Kleyd spöttlich sehr /
Soll ihm ein Weibs-Gemüth seyn eine Ehr'.

# ELEGIA XI.

Ich hab zwar dises öffter schon be-
Doch/weil es/wie der Eccho-Thon/vom

weint mit Seuffzer-schlagen/)
Wind schon längst vertragen/ ) wird

jetz so starck mein Seuffzen seyn/ daß

ich möcht Todts erbleichen/auf daß ich dise

harte Stein doch endlich möcht' erweichen.

## ELEGIA XI.

*De dementia incuriæ.*

Incuria illa maxima eſt dementia, quæ, dum malum imminens, quod averti poſſet, ſpreto conſilio non præcavet, quare talibus dicit Propheta:

Curavimus Babylonem, & non eſt ſanata. Jerem. 51. v. 9.

**1.**

NOn neſcio, me ſæpius
  Hanc fleſſe cantilenam,
Quæ mox, ut Ecchus blæſa vox, (a)
  Evanuit per auras,
Hinc duplico ſuſpiria
  Poſthac ut audiantur,
Rupes & hæ duriſſimæ
  Fortaſſis eliqueſcant.

Ceſ-

(a) Eccho repercuſſio vocis.

# ELEGIA XI.

## Von Thorheit der Sorglosikeit.

Die jenige Sorglosikeit ist
eine von den grösten Thorheiten/ wañ
man das ankoñende Unheil/ da man doch
könte / mit Verachtung deß guten Raths
nicht verhindert / dahero sagt zu disen der
Prophet :

Wir haben Babel wöllen gesund ma-
chen/und sie ist nicht gesund worden.
Jerem. 5 1. v. 9.

### I.

JCh hab zwar dises öffter schon
    Beweint mit Seuffzer-schlagen/
Doch weil es/ wie der Eccho-Thon /   (a)
    Vom Wind schon längst vertragen/
Wird ietz so starck mein Seuffzen seyn/
    Daß ich möcht Todts verbleichen/
Auf daß ich dise harte Stein
    Doch endlich mög erweichen.

N 3       Nun

(a) Der Widerhall / Eccho.

**2.**

Ceſſavit ejulatio,
  Singultuumque clangor,
Fronti redit ſerenitas,
  Clarùm nitente Phœbo,(*b*)
Nam preſſit alma tetrici
  Pax carminis querelas,
Fletuque bellè lota frons
  Splendoribus coruſcat.

**3.**

Tot pauperum ſuſpiria,
  Fonteſque lachrymarum,
Qui, concitatis imbribus,
  Concreverant in æquor,
Merſére tandem pallidi
  Sævam Tonantis iram, (*c*)
Nos ut bearet aurea
  Poſt dira bella pace.

**4.**

Num vidimus, quot oppida
  Caſtella, tecta, pagi

Sub-

(*b*) Phœbus, Sol. (*c*) Tonans, Deus.

**2.**

Nun ist gehemmt die Thränen-Quell /
Nachdem man lang geweinet:
Die Stirne werden nunmehr hell /
Die Sonn sehr lieblich scheinet :
Der Frid vertreibt das Traur-Gethön /
Und was uns hat bekümmert :
Das Angesicht / mit Thränen schön
Gewaschen / lieblich schimmert.

**3.**

So vil der Armen ach / und Weh /
So vil der Thränen-Bächen /
Die sich gehäufft / gleich wie ein See /
Wann aus die Regen brechen /
Den bleich-erzörnten GOttes-Zorn
Nun haben so versencket /
Daß er das göldne Fridens-Horn
Geblasen / und geschencket.

**4.**

O wie vil veste Plätze sicht
Man in der Aschen ligen;

N 4      Wie

Subter favilla turpiter
   Vulcania fatiſcant?
Num cernimus tot flebiles
   Muniminum ruinas,
Tot perditas provincias,
   Tot proſtituta templa?

### 5.

An poſt tot execrabiles
   Mavortis uſtiones,
O Teutones, nunc quæritis
   Rurſus novare bella?
Totius aut prætenditis
   Germaniæ ſepulchrum,
Terramque dulcis patriæ
   Diſcrimini vovere?

### 6.

Si vultis iſta, ſuadeo,
   Quod practicaſtis antè,
Natos ut ad provincias
   Legetis exterorum,

                        Quâ

Wie manche Statt/ und Dorff hat nicht
    Sich in dem Rauch verstigen?
Die schönste Kirchen durch den Brand
    Verwüstet/ und beyneben
So vil Landschafften/ O der Schand!
    Auf ewig seynd vergeben.

### 5.

Tragt ihr/ O Teutsche/ ohne Scheuch
    Zum kriegen noch verlangen/
Da doch der Mars fast immer euch
    So übel hat empfangen?
Wolt ihr dem süssen Vatterland
    Das Schwert zur Gurgel wetzen/
Und in den allerschlimmsten Stand
    Freywillig selber setzen?

### 6.

So rathe ich/ weil es voran
    So trefflich euch geglücket/
Daß ihr die Söhn/ wie ihr gethan/
    In fremde Länder schicket/

N 5          All-

Quâ ſicut ille prodigus　　(d)
　　Luſtrator orbis olim ,
Congeſta patrimonia
　　Spargant , ut imber undas.

### 7.

Queîs comparent ludibria ,
　　Riſumque ſannionum,
Qui prodigalitatis ob
　　Dementiam cachinnant ,
Dum pinguius marſupium
　　Rugeſcat excavatum ,
De cujus illi divites
　　Se recreant medulla.

### 8.

Si pœnitentes denuò
　　Cum Prodigo redirent ,
Caſſaret ejulatio
　　Tunc forſitan parentum,
Sed pulveratis ſumptibus
　　Cùm peſſimi revertant ,

　　　　　　　　Mx.

(d) Diſſipavit ſubſtantiam vivendo luxurioſê.
Luc. 15. v. 13.

Alwo sie das ersparte Gelt
  Verschwenden gleich den Thoren/
Wie jener Schlemmer/ der die Welt
  Gesucht/ und sich verlohren.


**7.**


Wodurch sie dann den Spöttlen sich
  Zum Hohnspil selber machen/
Als die der Thorheit/ sonderlich
  Der Gelt-Verschwendung/ lachen/
Biß deren Beutel/ werdend leicht/
  Anziecht die Runtzel-Falten/
Und dise/ wohl darvon Bericht/
  Was sie verlangt/ erhalten.


**8.**


Wann sie/ wie der verlohrne Sohn/
  Heimkehrten/ wohl bereuet/
So wurd das Leyd der Eltern schon
  In etwas seyn zerstreuet/
Weil aber nach verstaubtem Gelt
  Sie gantz verkehrt erscheinen/

         Die

Mœrore jurè duplici,
 Sed ſerò, conteruntur.

### 9.

At Tantalis his efferis     (e)
 Quis condolere poſſit,
Crudeliter qui filios
 Ipſi litant Gehennæ,
Non providos dum finibus
 Credunt periculoſis,
Ex mille quà vix unicus
 Evaſerat Charybdim. [ f ]

### 10.

Heu!qualis haud dementia eſt,
 Tales adire terras,
Illaſque fuſis ſumptibus
 Ditare, quas videmus,
Germaniæ tot artibus
 Væ triſte machinari :
Lethargus an non talis eſt
 Fatale mortis omen?     (g)

Ex-

(e) Tantalus propriũ filium imolavit. ( f ) Charybdis, locus in mari periculoſiſſimus. (g) Quicunq; ex lethargo perpetua ſomni immerſione tenetur, morte periclitantur. Benedict.Victorius Faventinus in Practica magna Par. 1. Sect. 1. cap. 5.

Die Eltern / doch zu spat / gequelt /
    Zu todt sich möchten weinen.

### 9.

Wer aber kan Mitleiden noch
    Mit solchen Eltern tragen /
Da grausam sie die Kinder doch
    Selbst nach der Höllen jagen /
Weil sie den unerfahrnen Sohn
    Nach solchen Ländern schicken /
Allwo verführt vil tausend schon /
    Kaum einer frey der Stricken?

### 10.

O grosse Thorheit / daß die Welt
    Man hin / und her durchstreichet /
Und solche Länder mit dem Gelt
    Verschwenderisch bereichet /
Die / wie man sicht / geneigt allein
    Dem Teutschland seynd mit Streichē:
Wie soll nicht solche Schlaffsucht seyn
    Deß Todts gewisses Zeichen?

Ihr

### 11.

Exterminate patrias,
    Invifa probra, veftes,
Non patrias exotico
    Rurfus parate fumptu,
Totamque fic ad exteros
    Subftantiam fugate,
Qua perfidi tunc Teutonis
    Funefta bella cudant.

### 12.

Veftem fereni Principis
    Quondam vel ipfe vidi,
Pro qua foluti protinus
    Plus aurei trecenti,
Quæ pluris æftimata non,
    Quàm centies talero:
Talem quis haud abhorreat
    Ufuræ iniquitatem?

### 13.

Jactura tanta Teutonis
    At gloriofa paret,
Quam quilibet vel morio
    Rideret ore pleno

Sed

## 11.

Ihr müßt die Teutsche Kleyder-Arth /
    Wie einen Greuel haffen /
Deß groffen Koftungs ungespart
    Nur fremde machen laffen :
Das Gelt müßt ihr aus Ubermuth
    Hin in die Fremde jagen /
Auf daß die / so euch niemahl gut /
    Mit Teutschen Ruthen schlagen.

## 12.

Ein Kleyd / beschickt von weitem her /
    Auf taufend Gulden lauffte /
So doch ein Fürst / wie klug auch er /
    Mit groffen Freuden kauffte :
Das Kleyd wurd hundert Thaler werth
    Geschätzt / sambt Stil / und Butzen :
O Wucher / den kein Jud begehrt /
    Wer soll darab nicht stutzen ?

## 13.

Aus solchem Schaden eine Ehr
    Die Teutsche sich noch machen /
So doch ein Thor verlachte sehr
Mit aufgespertem Rachen :

Die

Sed, luce ficut noctuæ,
   Cæcutiunt fuperbi,
Nec territat mox imminens
   Heroas hos ruina.

### 14.

Non angit illos patriæ
   Caufare buftuale,
Fratrumque multa millia
   Traxiffe ad ima fecum:
An crimen hoc, Abelis ut
   Vox, non ad Aftra clamet,
Quod Teutones ad incitas
   Faftus furore raptat?

### 15.

Cur noftra tam præpofterè
   Bellona tela torfit,     (b)
Ut pace fracti robore
   Tam turbida fruamur?
Heu faftus ingens veftium
   Turbavit hanc Maleam, [i]

                   Qua

(b) Bellona, dea belli. Poët. (i) Promontorium ma-
læ fpei in Laconia periculofiffimum.

Die Hoffart aber nichtes sicht /
 Wie bey dem Tag die Eulen ·
Dergleichen Helden schreckt jetz nicht /
 Was sie wird machen heulen.

## 14.

Sie schreckt nicht / daß sie bald das Grab
 Dem Vatterland bereithen/
Vil tausend von dem Wohlstand ab /
 Vnd zum Verderben leithen :
Soll dise Sünd/ wie Abels Blut/
 Nicht in den Himmel tringen /
Die Teutschland durch den Hoffart-
 Wuth
 In Armuth pflegt zu bringen ?

## 15.

Warum hat unser Mars doch/ ach !
 So schlimm die Pfeil geschossen /
Daß ein / weil wir an Mittlen schwach /
 So trüber Frid entsprossen ?
Der Kleyder-Pracht die Ursach war/
 Daß uns der Sturm ergriffen /

 O Wo

Qua nave vix evafimus
No naufraga profundúm.

### 16.

Communis hæc fuperbia
Sic pauperavit æra
Germaniæ vel Lydica · (k)
Nunc, heu! fed excavata,
Nervis ut orba bellicis
Incuriâ pudendâ
Tam tetricam coacta fit,
Prô pax! inire pacem.

### 17.

Hinc Imperîj vos Principes,
Et Numinis Miniftri,
Quos tangit obligatio,
Defectibus medendi,
Si cura veftra pigritet
In damna fubditorum,
Gentefque cœlo creditas
Linquatis interire.

Heu

(k) Lydia, regio valde opulenta propter Pactolum
flumen auriferum, & cræfi Lydiæ regis divitias.

Wo wir / entzuckt kaum der Gefahr /
    Halb todt dem Land zuschiffen,

**16.**

Die allgemeine Hoffarth hat
    Das Teutsche Gelt verzehret /
So uns die thum-verübte That
    Bey lähren Kisten lehret:
Nun ist die Krieges-Krafft durch die
    Sorglosikeit verschwunden /
Und Frid aus Noth gemacht / der je
    Nicht freudig wird befunden.

**17.**

Dahero / O Reichs-Fürsten ihr /
    An GOttes Statt gesetzet /
Die ihr verpflichtet hoch / allhier
    Zu bessern / was verletzet /
Wann sorgloß seyn wird eure Pflicht /
    Die GOtt euch aufgeladen /
Das Volck verhüten werdet nicht
    Vor Underganges-Schaden.

Wie

### 18.

Heu! qua nocentes judicem
 Flectetis arte sævum,
Si vestra conniventia
 Tam grande facta crimen,
Hoc ut manente Teutonum
 Neglecta sors fatiscat,
Et milviis rapacibus
 Prædanda deseratur?

### 19.

Annon bidentes territat
 Vestigium luporum:
Rivos rigore vitreos
 Num lapsa mula vitat?
Errepta nunquid amite
 Fit cauta carduelis,
Parusque ludit ancupem
 Jam liber à periclo?

### 20.

Et vos peritos Teutones
 Tam grandis haud cicatrix,
Quæ, nondum fota balsamo,
 Nunc & cruore squalet,

Non

### 18.

Wie wird man die Sorglosikeit
          Vor GOttes Zorn beschönen /
Die bald zur Sünd wird allbereit /
          So schwerlich zu versöhnen /
In dem auf solche Weiß zum Staub
          Das Glück der Teutschen Erden /
Den Geyren endlich gar zum Raub
          Ohn' eure Hilff müß werden.

### 19.

Es wird ein thumes Schaff ja von
          Dem Wolff=Tritt hart erschrecket :
Der Eslin / die gefallen schon /
          Das Eiß=Glas Forcht erwecket :
Der Distelfinck wird witzig / wann
          Dem Kloben er entgangen :
Die Meyse spihlt den Vogel=Mann /
          Und laßt sich nicht mehr fangen.

### 20.

Und euch / erfahrne Teutsche / soll
          So grosse Wund nicht schrecken /
Die / ungeheilt / des Bluts noch voll /
          Sich noch nicht laßt verdecken /
          O 3                    Dem

Non terreat, ne denuò
Marti paretis arma,
Queis vos vel infanabili
Poſthac prehendat iĉtu.

### 21.

Totis quis, ah! non artubus
Horrendo contremifcat,
Dum rurfus, ecce, Teutones
Nunc evolant gregatim
Fervore tanto, qualiter
Lunata turba Mecham, (l)
Virgas ferentes æmulis,
Queis vapulent protervi.

### 22.

Quſs curet at phreneticam
Dementiam Machaon, (m)
Ut Teutones nunc expuant,
Quod glutiére, philtrum,
Ni Principes, queis intereſt,
Mox applicent medelam,
Caudaq́; privent fcorpium,
Tunc fentient venenum.

ELE-

(l) Mecha, urbs felicis Arabiæ, ubi Mechometis fepulchrum
ſſe dicitur, (m) Machaon, medicus infignis.

Dem Mars zu schmiden ohne Scheuch
    Hinführo frische Waffen/
Daß/ tödtlich er verwundend euch/
    Die Thorheit könne straffen?

## 21.

Wer soll vor schrecken zittern nicht/
    Der nun die Teutsche Thoren
Schon widerum hinfliegen sicht/
    Wo sie ihr Glück verlohren/
So eiferig ( wie Türcken/ die
    Nach Mecha gehn wallfarten )
Die Ruth selbst bringend/ womit sie
    Deß Schillings zu gewarten.

## 22.

Ach aber! wer wird können doch
    Der Teutschen Taubsucht heilen/
Und Krafft/ das Liebes-Träncklein/ noch
    Zu speuen aus / ertheilen?
Wann nicht die Fürsten/ witzig schon/
    Uns vor dem Leyd bewahren/
Bald tödtend disen Scorpion/
    Wird man das Gifft erfahren.

D 4        ELE-

# ELEGIA XII.

Die Themis, Welt-vertriben/ ist fort
Weil sie der Welt Betrug/ und List nich

nach den Himels - Auen /  ]
länger könt' anschauen /  ]    In dem die

43 ✳

Ungerechtigkeit sehr prächtig herscher allbe-

43

reit/ja nunmehr gar d' ſtraff verſchont, vi-

leicht ſelbſt bey den Richtern wohnt.

ELE-

## ELEGIA XII.

### *De dementia injustitiæ.*

Injustitia malitiosa, & perniciosa
dementia est, quæ injustum non solùm
infamem Deo, & hominibus odiosum, sed et-
iam vel hîc infortunatum, vel æternæ pœnæ
ibi obnoxium reddit.

Convertetur dolor ejus in caput e-
jus, & in verticem ipsius iniqui-
tas ejus descendet. Ps. 7. v. 17.

### 1.

Glycô.
Asclep. Propulsata solo Themis          (*a*)
  Heu! tristis subijt denuò sidera,
    Perversum fugiens nefas,
  Quod, fulgens Tyrię syrmate purpurę
    Sublimi residet thronò,
  Et terræ petulans, quâ patet, imperat,
    Dum nemo ferit hoc scelus,
  Ipsis judicibus fortè domesticum.
                                    Vix

(*a*) Themis, dea justitiæ. Poët.

Taliter hic vel in Orco.

Acriter injustos tu criminis arguis ipse,
  His te pejorem non tamen esse pudet.
Du schmächest daß, waß ungerecht,
Da du doch selbst deß wuchers knec

## ELEGIA XII.

### Von der thörechten Ungerechtigkeit.

Die Ungerechtigkeit ist eine boßhaff-
te / und schädliche Thorheit / welche dem
Menschen nicht allein Ehrloß / GOtt / und
den Menschen verhaßt / sondern auch eintweders
allhier unglückseelig / oder dorten der ewigen
Pein straffmäßig macht.

Sein Unglück wird auf seinen Kopf
komen / und seine Ungerechtigkeit auf
seine Scheitel fallen. Ps. 7. v. 17.

### I.

Die Themis, Welt-vertriben / ist   (a)
    Fort nach den Himmels-Auen /
Weil sie der Welt Betrug / und List
    Nicht länger könt' anschauen /
In dem die Ungerechtigkeit
Sehr prächtig herschet allbereit /
Ja / nunmehr gar / der Straff verschont /
Villeicht selbst bei den Richtern wohnt.

Es

(a) Themis, die Göttin der Gerechtigkeit. Poët.

## 2.

Vix nunc invenies lares,     (*b*)
Quos non inficiat turpis iniquitas,
   Sæpe & Judaici rapax
Illic accipitur fœnoris incolat:
   Amplas quilibet anxio
Cræfi divitias quætit anhelitu, (*c*)
   Optans auriferi fuis
Pactoli fabulum poftibus invehi. (*d*)

## 3.

Conquiruntur opes, nimis
Accrefcente ferâ nempe libidine,
   Nec terret vetitum nefas,
Ut non aurivorax guttur adimpleant,
   Quos non juftitiæ movet,
Aut æqui ratio, at fola cupiditas,
   Quę, ficut ftolidus Midas, (*e*)
Contrectata manu concupit aurea.
               Quid

(*b*) Lares dij domeftici, pro domibus hîc pofiti. Poët.
(*c*) Cræfus, rex Lydiæ ditiffimus. (*d*) Pactolus, fluvius, aureas arenas trahens. (*e*) Midas, avaritiæ prototypon, quæcunque tangebat, optabat aurea.

## 2.

Es ist kein Hauß zu finden schier
    Von Untreu unbeflecket /
Wo nicht das karge Habbich-Thier
    Deß Juden-Vortheils stecket :
Nach Gelt ein jeder ängstig keicht/
Auf daß er werden mög bereicht/
Wünscht jeder / daß bey seinem Haus
Gold-Sand Pactolus lährte aus.         (b)

## 3.

Die all zu grosse Gelt-Begird
    Macht nach den Güthern trachten :
Das Unrecht / wann nur reich man wird/
    Pflegt wenig man zu achten :
Der Billichkeit man nicht gedenckt/
Wann nur der Gelt-Durst wird getränckt:
Man wünscht/dē Gelt/ wie Midas,hold/[c]
Was man berührt/ zu werden Gold.

Was

(b) Pactolus, ein Fluß in Lydia, welcher Gold-
    Sand mit sich bringt.  (c) Midas, ein geiziger
    Gelt-Narr wünschte/ alles/ was er berührte/ Gold
    zu werden.

### 4.

Quid non tentat avarior,
Lucrosis inhians quæstubus, institor,
   Dum cistæ vacuos cupit
Eoo loculos ære tumescere?    [f]
   Tunc fas, atque nefas pari
Penduntur trutinâ, dumodo prosperet,
   Juramento etiam suam
Vendit, prô! Animam sæpe teruncio.

### 5.

   Non hîc jura valent sacra,    [g]
Quæstus insolidos lege vetantia,
   Non probrosa doli nota,
Sed nec flagitium fœnoris impii:
   Velat nempe nefas lucri
Famosum nimii cæca cupiditas,
   Cùm nomen reprobi viri
Paupertate pia sit pretiosius.

### 6.

Qui fuligineis notis,
Fulgens alterius nomen adulterat:
                 Qui

(f) Eoum æs, aurum Indicum. (g) Vid. jus Can. 14. q. 3. & 4.
& in titulis de usuris.

## 4.

Was thut ein karger Kauffmann nicht/
Daß es ihm möchte glücken/
Mit Gold die Kisten/ wann er sicht/
Daß sie lär / anzuspicken:
Da wigt das Recht/ und Unrecht gleich/
Wann man dardurch kan werden reich:
Die Seel um ein geringes nur
Verkaufft man offt mit falschem Schwur.

## 5.

Das Kirchen-Recht/ so ernstlich sehr
Deß Wuchers Sünd verbietet/
Nichts gilt / obschon deß Handlers Ehr
Dardurch starck wird vernietet:
Die Gelt-Begird/ gantz machend blind/
Bedeckt die grosse Wucher-Sünd:
O Schand! man will vil lieber ein
Verschreyter Mensch/ als dürfftig seyn.

## 6.

Wer seines Nächsten Namens-Glantz
Mit Kühn-Ruß überstreichet:
Wer

Qui mendace procax labro
( Grajâ nequitiâ ) decipit alterum:
Vel qui perjerat impiè :
Vel juſtis renuit legibus obſequi :
Juſſa aut præpoſiti fugit,
Hos injuſtitiæ crimen inuſtulat. (*h*)

### 7.

Lyſandros hodie vides,
Quêis ſi ſat ferus haud ſit leo pectoris,
Vulpem ſubſtituunt vafram ,
Quæ mox juſtitiam ſedibus arceat: (*i*)
Sunt his jura doli , quibus
Cauſam nigricomam, plus nive, can-
didant ,
Et fuco niveam nigrant :
Hos nũ Parrhaſios dixeris optimos? (*k*)

### 8.

Sic Cæſar ( Tiberis cui
Nomen fortè dedit ) puniit effera
Non ſontem Lepidam nece,
Delatoris ut hic perfidus impii

Hæ·

(*h*) Ariſtoteles ſic apud Sto'ɔ: Serm.8. (*i*) Sic Plut: de Lyſan-
dro. (*k*) Parrhaſius, pict or famoſus, & excellens.

Wer oder einen truglich gantz
    Auf Griechisch hinderschleichet : (d)
Wer falsch darff schweren ohne Forcht :
Den Obrigkeiten nicht gehorcht :
Die Rechts Gesätze ehret schlecht/
Die seynd erkennt für ungerecht.

### 7.

Es gibt Leuth/ wann deß Hertzens Leu
    Nicht ihnen will zuschlagen/
So muß der Fuchs durch die Unthreu
    Die Redlichkeit verjagen :
Allwo kein Recht ist/ als der Fleiß/
Zu machen schwartze Händel weiß/
Die weisse schwartz : seynd das nicht sehr
Kunstreiche Mahler/ werth der Ehr?

### 8.

Ein solcher war Tiberius,        (e)
    Der Lepida Todtschläger/
      P            Der

(d) Auf Griechisch/ lugenhafft/ dann die Griechen
waren sehr lugenhafft. (e) Käyser Tiberius hat
ein unschuldiges Weib/ dem Quirinus zugefallen/
als eine Hex lassen hinrichten/ weil er den Käy-
ser zum Erben eingesetzt. Suet.

Non sontem Lepidam nece,
Delatoris ut hic perfidus impij
  Hæres asse tenùs foret.      [l]
Cæcati, ô quoties! munere judices
  Damnant innocuos viros,
Solvunt falsidicos crimine pessimo.

### 9.

Sic præcepta Dei sacra :
Sic sancita fori lex anathemate :
  Sic jus nobile gentium :
Sic fundata probè municipalia :
  Sic jurata fidelitas :
Sic suppresso homini debita charitas :
  Sic nativus amor, ligant,
Ut stent arbitrio judicis improbi ?

### 10.

Non hac arte Themistocles
Lusit, qui nocuis dicere sueverat :
  Non essem pius arbiter,
Si causæ reprobæ causidicus forem: (m)
                   Non

(l) Quirinus Lepidam innocuam fœminam apud Tiberiũ Cæ-
sarem Veneficij accusavit, hæredem suum Cæsarem scriptu-
rus, si Lepidam è medio tolleret, quod & factum est. Suet.
(m) Ita Plut. de Themistocle.

Der wegen eines Erbsgenuß
    Willfahrte dem Ankläger:
Wie offt muß ohne Schanckung ein
Gerechter Mann verdammet seyn /
Und wer Geschäncke bringt herbey /
Gesprochen wird deß Unrechts frey?

### 9.

Was GOtt befilcht / verbindet schlecht /
    Hat alle Krafft verlohren :
Das Burger-und gemeine Recht:
    Der Ayd / den man geschworen:
Die von Natur so hohe Pflicht /
Zu helffen / dem Gewalt geschicht /
Seynd zwar Gebotte / doch daß frey
Der Spruch Gottlosen Richtern sey.

### 10.

Themistocles, nicht brennend sich /    (f)
    Den falschen Klägern sagte:
Ich wär kein froïner Fürst / wann ich
    Dem Unrecht was beytragte:
                    Es

(f) Themistocles, ein heydnischer Fürst / pflegte im
  Gericht zu sagen / wie oben. Plut.

Non eft tam malefana gens,
Quæ non judicium criminis arguat,
Quod votis Themidis caret,
Et juftus Deus hoc fors fcelus approbet?
(n)

## 11.

O quàm judicium grave his,
Qui jus corripiunt, dum malè judicant:
Qui pro muneribus ferunt
Palmam non merito, quiq; potentibus,
Agnatifque favent fuis,
Et caufas inopum, fint quafi adulteræ,
Juftas ejiciunt foras,
Heu! quàm nõ Deus hos arguet acriter.
(p)

## 12.

Noftris, ô utinam! forent
Cygni temporibus, qui penès arbitros,
(o)

Acto-

(n) Qui juftificat impium, & condemnat juftum, abominabilis eft apud Deum. Prov. 17. v. 15. (o) Væ, qui juftificatis impium pro muneribus, & juftitiam jufti aufertis ab eo. Ifa. 5. v. 23. Item, fi tu malè judicaveris, te Deus deinde judicabit Phocilides. (p) Cygnus, rex Tenedos in judicio carnificem ftatuit, ut falfos actores ferro puniret. Suet.

Es ist kein Volck so gar unweiß /
Daß es ein falsches Urtheil preiß' /
Und der gerechte GOtt soll ein
Gutheisser solches Lasters seyn?

## I I.

Weh dem! der falsches Urtheil spricht (g)
   Aus Gunst der wohlvermeinten /
Offt grosser Herren Gunst ansicht /
   Und Nutzen der Befreundten /
Hingegen die gerechte Sach
Der Armen würfft weit über Tach:
Wie wird ein solcher Böswicht nicht
Ausstehn ein scharpffes Blut-Gericht? (h)

## I 2.

O daß den Richtern diser Zeit
   Sich Cygnus zugesellte /       [i]

P 3        Und

(g) Sap. 6. v. 6.  (h) Ila: 5. v. 23.
(i) Cygnus, ein König zu Tenado.

Actoresque malos ferum
Stricta carnificem cuspite sisterent,
   Et causæ dominum putris
Punirent, positis ritè favoribus,
   Tunc injustitiæ scelus
Non sic absque metu cresceret indies.

## 13.

Quàm multi caderent simul
Vitâ, & judicio, qui malè consciis
   Fulti, palmiferam ferunt
Litem: fraude ratam : parte, sed alterâ
   Multis millibus, heu scelus!
Fraudatâ, & positâ forsan ad incitas :
   An non hoc stygium nefas
Minos perpetuis decoquat ignibus? [q]

## 14.

Tales num bene talio
Comprendit similis, quippe phalarica,
   Sursum missa, revertitur
In mittentis iners, & stolidum caput:
                              Num

(q) Minos, severus Inferni judex. Poët.

Und den Partheyen an die Seit
    Den Meister Kopfab stellte/
Die falsche Händel strafte rauch /
Und nicht nach der Flattirern Brauch/
So wurd das Unrecht/ kün nunmehr /
Nicht forchtlos nemmen zu so sehr.

### 13.

Wie mancher wurd verliehren dann
    Den Handel sambt dem Leben /
Dem/ weil ihn schützt ein falscher Mann/
    Der Sig doch wird gegeben:
Der Gegentheil hindan gesetzt/
Offt um vil tausend wird verletzt:
Soll solche Boßheit nicht das Feur
Dort ewig brennen ungeheur ?

### 14.

Die Untreu ist ihr eignes Gifft :
    Der Pfeil/ den man abschiesset
Stracks über sich/ den Schützen trifft/
    Wo er die Thorheit büsset:

Der

Num perverfus Haman, fuo  (r)
Pendens in gabalo, nequitiam luit?
Nunquid prava fuum nefas,
Depafta à canibus, fenfit Iëzabel?  [s]

### 15.

Agnis an placeant lupi?
Paris accipiter? fortè lavernio      fur.
Gratus fit domibus rapax?
Sic quis damnificum fœnore vulturē,
Qui fert non fua, diligat?
Injuftos Phalares quis venerabitur? [t]
Non eft dignus honoribus
Fraudator, nifi fors Phyllidis arbore. (u)

### 16.

Hujus fi fceleris reus
Tali quifque foret pendulus arbore,

Quæ-

(r) Efther. 7. v. 10.   (s) 4. Reg. 9.   (t) Phalaris,
ferus, & injuftus rex.   (u) Phyllis, regina Tra-
ciæ, fe in arbore amigdala fufpendit, quàm arbor
honorifera

Der Haman/ mit untreu verstrickt/　　(k)
Am eignen Galgen ist erstickt:
Weil Jezabel das Recht verkehrt /　　[l]
Zur Straff von Hunden wurd verzehrt.

## 1 5.

Das Schaff die Wölffe haßt / die Meys
　　Den Geyr/ das Haus den Dieben/
Wer solt ein solches Diebs-Geschmeys/
　　So stets betrieget / lieben?

Wer wird doch ehren können / die
Wie Phalaris/ recht handlen nie:　(m)
Dem / der betriegt / gebührt die Ehr
Deß Phyllis-Baums/ kein Härlein mehr.
　　　　　　　　　　　　　　　[n]

## 1 6.

Solt jederzeit an einem Baum /
　　Der unrecht handlet/ hangen/
　　　　　P 3　　　　　So

[k] Esther. 7. v. 10. (l) 4. Reg. 9. (m) Phalaris,
ein grausamer/ und ungerechter König. (n) Phyl-
lis, eine Königin in Tracia hat sich aus Unmuth
an einem Mandelbaum erhenckt.

Quævis fortè tumefceret
His tam nectareis arbor amygdalis,
Pauci namque negotia
Verfant abfq; dolo, fœnore, quæftubus,
Ac fi jufta bilanx pudor,
Et famofa foret fimplicitas pia.

### 17.

Sat non ipfe vafer foret
His ænigmaticis Sphingibus Oedipus,
(*a*)

Quando allegoricis tropis,
Pulchro népe dolos fchemate veftiunt:
Non fic fortè tenebrio
Fucatis ftibio fraudibus utitur,
Dum, vel vile videns lucrum,
Falfò per Fidium jurat, & æthera. (*b*)

### 18.

Hujus nequitiæ genus
Paganis etiam reproba peftis eft, (*c*)

Dum

(*a*) Sphynx, monftrum, tranfeuntibus hominibus ænigma proponens, & illud non folventes occidens; quod tandem ingeniofus Oedipus folvit. Poët. (*b*) Fidius, deus finceritatis, & fidei. Poët. (*c*) Injuftitia univerfæ juftitiæ oppofita nő pars vitii eft, fed univerfum vitium. Ariftot. Ethic. lib. 5. cap. 1.

So wurd von zehen einer kaum
    Mit solcher Frucht nicht prangen :
Dann ein sehr kleiner Hauffen ist /
Der pflegt zu handlen ohne List /
Als wär betriegen rümlich sehr /
Die Redlichkeit werth keiner Ehr.

### 17.

Auch Oedipus nicht wär genug     (o)
    So List-verschlagner Sphingen
Den Räthsel-duncklen Wort-Betrug
    In den Verstand zu bringen :
Kein Ertzbetrieger auch villeicht
Den Wörter-List so schön anstreicht /
Und / wo er seinen Nutzen sicht /
Sich / falsch zu schweren / scheuchet nicht.

### 18.

Auch Heyden dise Laster-Arth /
    Verrucht zu seyn / erkennen ;
              Dann

(o) Oedipus, ein spitzfindiger Kopf / hat dem Sphynx,
   einer Mißgeburt sein dunckles Rätzel aufgelöst.
   Poët.

Dum natura docet, malum
Non moliri aliis, quod sibi quis timet:
Et vos non pudeat doli,
Qui Christi ( malè ) vos dicitis asse-
clas?
An turpes docuit dolos,
Astræam revehens sidere perditam? *(d)*

## 19.

Quisquis non metuit nefas,
Nec Numen timet, ut criminis arbi-
trum :
Cæcum forte Deum putas,
Argo qui vigili multò oculatior?
Visum tu rapies huic,
Qui clausi penetrat pectoris abdita ?
Hic, quem non atomus fugit , *(e)*
Argus non scelus hoc sæviter arguet ?
[*f*] *(g)*
Ergo

*(d)* Astræa, dea justitiæ. Poët. *(e)* Scrutans corda , & renes
Deus. Ps.7.v 10. *(f)* Argus centum oculos habebat. Poët.
*(g)* Et eos qui faciunt iniquitatem , mittent in caminum
ignis. Matth.13. v. 42.

Dann thun / was man selbst fühlet hart /
Ist ja gottloß zu nennen:

Und ihr betrieget ohne Scheuch /
Die ihr / doch falsch / nennt Christen euch?
Lehrt Christus die Verschlagenheit /
Der selbst ist die Gerechtigkeit?

### 19.

Wer nicht abscheuchet dise Sünd /
    Nicht förchtet GOtt den Richter:
Vermeinst du dann / der seye blind /
    Der tausend hat Gesichter?

Soll der dir blind seyn / dem so gar
Dein dunckles Hertz ist offenbahr?    (q)
Wird diser Argus, der da sicht    [r]
Dein arges Hertz / dich straffen nicht? (s)

Weil

(q) GOtt durchforschet das Hertz / und die Nieren.
Psal. 7. v. 10.    (r) Argus hatte hundert Augen.
Poët.    (s) Die unrecht thun / werden in den
feurigen Ofen geworffen werden. Matth. 13. v. 42.

## 20.

Ergo tam grave cùm scelus,
Infandúmq; probrum gignat iniquitas,
Ut posthac Acheronticis     (g)
Æternùm rigidè vapulet ignibus,
Contrà justitiæ decor
Phœbeam superet lumine lampadem,
    (h)(i)

Hinc auferte doli nefas,     (k)
Ut vos irradiet gloria, non rogus.

(g) Acheronticis, infernalibus. (h) Phœbea lampas,
Sol. (i) Fulgebunt justi, sicut Sol, in conspectu
Dei. Matth. 13. v. 43. (k) Revertere ad Domi-
num, & avertere ab injustitia tua. Eccl. 17. v. 23.

## 20.

Weil dise Sünd ein Abentheur
    Der Boßheit dann zu nennen/
Auch ewig in dem Höllen-Feur
    Die schuldige wird brennen/
Und die Gerechte immerfort/
Wie Sonnen / werden gläntzen dort/  (t)
So bessert euch/ bestrahlt zu seyn/
Nicht von dem Feur/ vom Glory-Schein.

(t) Die Gerechte werden leuchten / wie die Son-
nen / in dem Angesicht GOTTes. Matth. 13.
v. 43.

ELE-

# ELEGIA XIII.

Adam/ vom Sünd-Pfeil sehr gifftig ver-
So / daß ver-wundet auch wurden nicht

lezet/ leyder! in ärmsten Stand wurde ige-
minder seine armsee-lige Enckel/ und

sezet      )      hätte uns Christus er-
Kinder: )

löset nicht theur/ müßten wir büssen im

höllischen Feur.

ℌ      ELE.

## ELEGIA XIII.

### *De dementia incredulitatis.*

Si crederent Chriſtiani, peccatis
mortalibus æternas pœnas conſtitutas
eſſe, utique peccata, etiam enormia, non ita
eſſent communia, præſertim hoc deplorando tem-
pore; hinc Propheta,gemebundus,ait:

Hæc eſt gens, quæ non audivit
vocem Domini Dei ſui, nec re-
cepit diſciplinam: periit fides!
Jerem. 7. v. 28.

### 1.

PEſtilens primos ita ſauciavit
Noxa Lethali gladio parentes, [a]
Ut ferirentur ſimul & nepotes,
Jugiter ſævo, niſi Chriſtus eſſet,

　　　　　Igne cremandi.
　　　　　　　Nu-

(a) Gen. 3.

Culpa gravis totum quondam vastaverat orbe,
Et tu nil ducis, par cumulare nefas.
Von Sünden würd die welt ertränckht,
Die du begehst doch Unbekränckht.

Symb. 18.

# ELEGIA XIII.

### Von der Thorheit deß Unglaubens.

Wann die Christen glaubten/daß denen Todt-Sünde eine ewige Straff auferlegt/so wurden die/ auch abscheulichste/ Sünden nicht so gemein seyn; dahero der Prophet/ schwer seuffzend/ spricht:

Dises ist dz Volck/ welches die Stim deß HErrn nicht gehört/und keine Züchtigung angenommen : der Glaub ist verschwundē. Jere.7.v.28.

### I.

ADam/vom Sünd-Pfeil sehr gifftig verletzet /
Leyder ! in ärmsten Stand wurde gesetzet
So / daß verwundet auch wurden nicht minder        (a)
Seine armseelige Enckel/ und Kinder:
Hätte uns Christus erlöset nicht theur/
Müßten wir büssen im höllischen Feur !

Q 2            Hatte

(a) Gen. 3.

### 2.

Numinis nunquid furor æſtuoſus
Imbribus, largè lachrymante Cælo,
Perfidum mundi ſcelus eluebat,
Defluo, paucis hominum relictis,    (b)
              Marmore mergens!

### 3.

Num ſuper noxas Sodomæ nefandas
Numen effervens furiale ſulfur,
Ignibus flagrans, reprobas in urbes
Miſit, & poſthac Acherontis acri    (c)
              Puniit igne?

### 4.

Nunquid & dives, rutilâ coruſcans
Purpura, mando, recreatus eſcis,
Nobili mensâ ſubitò remotâ,
                        Nunc

(b) Gen. 7.    (c) Gen. 19. v. 24.

### 2.

Hatte nicht Gottes Zorn hitzig mit seinen
Häuffigen güssen, und himlischen weinen/
Welches stracks wurde zu reissenden Bä-
chen/
Grausam gestraffet der Menschen Ver-
brechen
So/daß nur achten das Lebē geschenckt/
Alle im Sünden-Bad wurdē ertränckt? (b)

### 3.

O wie hat GOtt nicht erschröcklich gewit-
tert/
Wegen der Sodoms-Sünd häfftig erbit-
tert!
Hat er mit Flamen nicht alles verzehret/
Alle fünff Stätte in Aschen verkehret/
Ja so gar in die Höll alle geschickt/ (c)
Welche mit solchem Sünd-Greuel ver-
strickt?

### 4.

Wurde dē Prasser nicht/ der sich bekleydet
Köstlich mit Purpur/das Prassen verley-
det/
Massen der Todt ihm die Tafel verzenckte/
Für den Engadder-Wein Gallen ein-
schenckte/

Q 3 Der

(b) Gen. 7. (c) Gen. 19. v. 24. (d) Engadder-
Wein ist der beste im Jüdischen Land.

Nunc, Avernali tumulatus antro, *(d)*
     Rugit, & ardet!

### 5.

Nunquid, immites reprobans avaros,
Chriſtus, ad juſtum meritò furorem
Concitus, dixit : Stygias adite,
Jugiter flammis ibi concremanda,
     Monſtra cavernas? *(e)*

### 6.

Nonne lethali minitantur omnes
Codices ſacri mala ſæva noxæ,   *[f]*
Archi-dum Plaſtam graviter laceſſit ?
Pœna num debet gravis eſſe, ſummo
     Numine læſo?

### 7.

Iſta ſi credis, niſi Chriſtianus
Languidus vel ſis, vel adulterinùs,
       Quæ-

---

*(d)* Luc. 16. *(e)* Diſcedite à me maledicti in
  ignem æternum &c. Matth. 25.v.41. *[ƒ]* Matt.
  5. v 22. item 42.v.50. Marc. 9. v. 42. item 44.
  v. 46. Joan: 15. v. 6. & in aliis S. Scripturæ li-
  bris ſæpiſſimè.

Der jetz vergraben in höllischer Gluth
Brennet/ und brüllet mit schrecklichem
Wuth ?

### 5.

Hatte nicht Christus/ von Eyfer erhitzet/
Wider steinharte Geitzhälse gevlitzet /
Welche getragen kein einigs Erbarmen
Uber das Elend der seuffzenden Armen /
Sprechend : verfluchte/ zum Höllen-
Feur fort/
Ewig gepeinigt zu werden alldort ?(b)

### 6.

Göttliche Schrifften ja alle verkünden
Ewige Straffen den tödtlichen Sünden/
Weilen sie boßhafft Gott stossen zur Sei-
ten/
Wider ihn därffen verruchter weiß streiteñ
Solte nicht grosse Straff werden ge-
setzt
Jenem / der seinen Erschaffer verletzt?

### 7.

Wañ du das glaubest [du seyest dañ einer/
Welcher lau/ oder ein Gottes verneiner/]

Q 4                    Lie-

(b) Gehet hin ihr vermaledeyte in das ewig: Feur.
Matth. 25. v. 41.

Quæſo cur audax, quaſi vanuiſſent
Numinis leges, ſcelerata quæque
> Crimina patras?

## 8.

Inſidens non ſic volucri caballo
Curtius præceps ruit in profundum, [g]
Qualiter tu, prô! propriam ſalutem
Nauſeans, noxæ properas in imum
> Concitus antrum!

## 9.

Grande ſi crimen Deus uſque dirè
Corripit, num tu meliora ſperas?
An tuum furtum, Cypris aut libido,
Fœnus, aut technis mala parta pænæ
> (h)
> Caſſa manebunt?

Si

[g] Curtius pro ſalute patriæ unà cum equo ſe in ter-
ræ hiatum præcipitavit. (h) Neque fornicarii,
neque adulteri, neque molles, neque maſculorum
concubitores, neque avari &c. regnum Dei poſ-
ſidebunt. 1. Cor. 6. v. 10.

Lieber/wie kanstu/ als wären verseſſen/
Gottes Geſätze/ doch alſo vermeſſen
Sünde begehen/die greulich uñ ſchwer/
Eben als wann Gott kein Richter mehr
wär!

**8.**

Curtius nicht ſo ſehr frech/und verwegen/
Da doch Rom vil daran ware gelegen/
In die Klufft-Tieffe zu Pferde ſich ſtürtzte/
Alſo ihm ſelber das Leben verkürtzte/
Wie du/ O Sünder/ zur ewigen Pein
In die Sünd Tiefe dich ſtürtzeſt hinein!

**9.**

Straffet Gott alſo dergleichen Unthaten/
Meinſt du/es werde dir beſſer gerathen/
Solte dein Diebſtal/ dein geiles Beginñen/
Ehebruch/ und durch Betrug Güther ge-
winnen      *
Beſſer/ als anderer Menſchen beſtehn/
Ohne Straff dir/ wie dem Diſmas hin-
gehn?      [g]

Q 5      Müßte

* Weder die Unkeuſche/ noch die Ehebrecher/ noch
die Weichling/ noch die Knabenſchänder/ noch
die Diebe/ noch die Geitzige ꝛc. werden das Reich
Gottes beſitzen. 1.Cor.6, v, 10.   (g) Diſmas/
der gute Schächer.

## 10.

Si Cain, frendens homicida fratris, (*i*)
Exul, & tectis profugus paternis,
Uritur sævo Phlegethontis igne,
Quæso, cur tu nil, scelerate Cace,
     Tale pavescis?

## 11.

Noñe corruptam pluviosa carnem (*l*)
Plejas ultrici tumulavit unda?
Tune, scortator, ferior Charonte, (*m*)
Nobiles trudens animas ad Orcum,
     Tutus abibis?

## 12.

Si Gomorrhæum scelus usq; fœdum
         (*n*)
Numen exussit, tibi flamma parcet,
Ni nefas hoc tu ter abominandum
      Frontis

(*i*) Gen. 4. v. 14. (*l*) Gen. 7. (*m*) Charon, Nauta
infernalis. (*n*) Gen. 19.

## 10.

Müßte nit Cain/ von Hause vertriben/
Weil er den Bruder auf schandlich geri-
ben/ (h)
Seine Sünd büssen in höllischen Qualen/
Welche aufhören auch werden niemalen?
Förchtest du Menschen-Blut Igel dañ
nicht
Ohne Buß-würckẽ ein strenges Gericht?

## 11.

Hatte nicht alles Fleisch/ welches versen-
cket
Ware in Sünden/ die Sündfluth ertrán-
cket?
Soltest du/ geiler Bock/ ohne Straff bleibẽ/
Der du auch árgeres pflegest zu treiben/
Da du so manche Seel führest/ wie ein
Grausamer Charon zur höllischen Pein.

## 12. (i)

Wegen der Sünden/ die grausam abscheu-
lich/
Wurde Gomorrha gestraffet sehr greulich:
Feurigen Schwebel sie müßte ausstehen/
(k)
Schlimmer dir/ Sodomit/ wird es ergehen/
Wer-

(h) Gen. 4. v. 14. (i) Charon ein Schiffmann/ welcher die
Seele zur Höllen führt. Poët. (k) Gen. 19.

Frontis undofo, queruloq; planctûs
　　　　　　Flumine mergas?

### 13.

Numinis juffu rigidè jubetur
Morte mulctari petulans adulter, 　(o)
Imò qui tantùm gremium fororis 　(p)
Viderit nudum [violet quid eheu?]
　　　　　　Quærere manes.

### 14.

Meche, cur ergo, fimo in hoc volutans,
Julio fors luxuriante pejor, 　　　(q)
Non paves fulmen rabidum Tonantis,
Qui tibi jamjam furiofa poenæ
　　　　　　Spicula tendit?

### 15.

Surda cur afpis, pretiofa rides 　(r)
Verba præconum, quafi ludionum, ✱
　　　　　　Qui

---

(o) Deut. 22. v. 22. (p) Levit. 10. v. 7. (q) Julius Cæfar
adulter fœdiffimus, qui plurimas, & præcipuas matronas Ro-
mæ corrupit. Suet. (r) Sicut afpidis furdæ, & obturantis au-
res fuas, quæ non exaudiet vocem incantantium, &c. Pfal. 57.
v. 5. & 6. ✱ Qui ex DEO eft, verba DEI audit, propterea
vos non auditis, quia ex DEO non eftis. Joan. 8. v. 47.

Werden nicht Bäche aus deinē Antlitz
Rinnen/und löschen die höllische Hitz.

### 13.

AufGeheiß Gottes vor Zeiten müßt sterbē (l)
Jeder Ehbrecher ohn Aufschub erwerben/
Ja so gar/der nur der Schwester aufdeckte
Jenen Orth / welcher die Keuschheit er-
schreckte/
(wañ er erst hätte was anders gewagt?)
Wurde zur Geister-Gemeinschafft ge-
jagt.

### 14.

Förchtest du dir nicht/gottloser Ehbrecher/
Der du/ als Julius, geiler/ und frecher / (n)
Stets dich umwelhest in diser Katlachen/
Gott d Herr werde ein End daran machen/
Welcher zu rächē die schandliche That/
Seine Plitz-Keule Schuß-fertig schon
hat?

### 15.

Sage/warum du die Prediger scheltest/
Böses um gutes undanckbar vergeltest?
Wel-

(l) Deut. 22. v. 23. (m) Levit. 20. v. 17. (n) Iulius Cæsar
ein schandlicher Ehbrecher/welcher die meiste Matronen
zu Rom geschändet. Sueti

Qui tuam curant animam beare,
Reprobus ne tu patiare flammas
                    Inde perennes?

### 16.

Cur Dei servos nimis insolenter
Temnis, & cribras? ait anne Numen
Spreverit qui vos, quoq; me prehendit:
Talis an spreti fugiet ferocem         (s)
                    Numinis iram?

### 17.

Quæ, putas, causa est, sine quod pavore
Perfidi noxas glomerent, ut Evrus
Glareas, quando Nabathæa replet
Rura, nec pœnas metuant, ut Ajax,
                    Fulmine dignis[t]

                    Nem-

(s) Qui vos spernit, me spernit, ait Christus. Luc. 10. v. 16.
Non te abjecerunt, sed me. 1. Reg. 8. v. 7.  (s) Ajax, impiissimus Rex tandem, fulmine tactus, obiit.

Welche dich/ seelig zu machen/ verlangen
Disen begegnest du etwan wie Schlangē/
Welche die Ohren verstopfen/ wañ der
Schlangen Beschwerer komt mumlend
16. daher? (o)

Sage warum du die Priester so hassest/
Dz du niemalen sie ohne Schmach lassest?
Weist du nicht/ daß du Gott selber verach-
test/ (p)
Da/ durchzusibē/ du seine Knecht trachtest?
O wie wird nicht der verachtete GOtt
Rächen so ernstlich den eigenen Spott!

17.

Ach warum häuffet man Sünden auff
Sünden
Ohne Forcht/ wie auf Arabischen Gründē
Häuffiges Sand/ wañ der Ostwind starck
wehet/
Wo er die Heyden offt Knie-dick besäet/
Förchten doch Gott nicht/ als wär er ihr
Freund/
Welche Plitz-würdig/ wie Ajax, doch
seynd? [q]

Des-

(o) Sie seynd wie eine taube Schlang/ die die Ohren versto-
pfet/ daß sie die Stim deß Beschwerers nicht höre. Psal. 47. v. 5.
(p) Wer euch verachtet/ der verachtet mich. Luc. 10. v. 16. Sie
haben nicht dich/ sondern mich verworffen. 1. Reg. 8. v. 7. (q)
Ajax, ein gottloser König/ welchen der Plitz erschlagen.

## 18.

Nempe nõ credunt; mera funt jocantis
Verba præconis, furiata celfo
Pulpito : parent quoque fabulofa,
Quæ facri vates reprobis trifulca
　　　　　　　　Glande minantur.

## 19.

Ni fide pravus titubaret orbis ,
Pergerent non fic animæ gregatim
Ditis in flãmas : quis, amabò, fponte
Vefvii vifos petulanter iret
　　　　　　　　Pronus in ignes? (*u*)

## 20.

Numen an ludit, minitans feveras
Crimini pœnas ? an Avernus urit (*x*)
　　　　　　　　Per-

(*u*) Vefvius vel Vefuvius, mons flammivomus.
(*x*) Avernus, Infernus.

### 18.

Deſſen iſt Urſach / weil man nichts mehr
glaubet /
Aller Forcht Gottes / uñ Tugend beraubet:
Predigen müſſen ſeyn Fablē / und Mählein /
Trohung der Straffen mann achtet kein
Härlein :
Was die Propheten verbiethen ſehr
ſcharpf /
Minder ſie ſchrecket / als Orpheus Harpf.

### 19.

Wurde die böſe Welt glauben vō Hertzen /
Nicht ſo leichtfertig mit GOttes Wort
ſchertzen /
Wurden der Seelen nit gantze Heerſchaa-
ren
Leyder! wie nun geſchicht / Höllen zu fahrē:
Stürtzte ſich jemand in Æthna hinein /
Welcher ihn glaubte voll Flammen zu
### 20. ſeyn? (r)

Meinſt du / GOtt werde / beraubet der
Waffen /
Schertzen / und ſpihlen mit Trohung der
Straffen?

R Meinſt

(r) Æthaa, ein Feur-ſpeuender Berg.

Perperam ? fulmen trifidum Tonanti
Decidit dextrâ ? mala num merentur
              Facta minerval ?

## 21.

Si fides cæca eſt, ratio docebit,
Jurè delictum grave puniendum:
Bubo ſi facta eſt ratio, malignum
Sentiet tandem nimis, ah ! acerbè
              Crimen in igne.

ELE-

Meinst du / es sey ihm der Plitz-Keil ent-
fallen?
Daß die Höll breñe / ein eitles nur prallen?
Soll man die Thaten belohnen mit
Gnad /
Welche zu straffen mit Galgen / uñ Rad?

21.

Bist du unglaubig / dich ð Verstand lehret /
Hoch zu seyn sträfflich / was böß / und ver-
kehret:
Ist dein Hirn worden gleich einer Nacht-
eulen /
Wirst du / mit grausamen klagen / und heulē
Fühlend / erkennen die sündliche That /
Aber / ach leyder! erst / wann es zu spat!

## ELEGIA XIV.

Die Welt-Liebhaber Kinder seynd nicht Gottes/

nur der Erden/ weil sie befunden werden/

derselben beste Freund: Ihr Hertz ver-

senckt im Wolluſt-Rath / nur Freud an

den Welt-Güthern hat.

ELE-

## ELEGIA XIV.

*De dementia terrena sectantium.*

**Maxima dementia est spre-**
tis Cœlestibus præsentissimo dam-
nationis periculo terrenis inhiare, cùm
constet, hæc deserenda, illa æternùm
duratura.

Merebunt Piscatores, & lugebunt
omnes in flumen mittentes ha-
mum. Isa: 19. v. 8.

I.

PRivigni Cœli, genuinaque pignora
terræ
Cosmophili, vitii fæce, lutoq; sati,
Sidera despiciunt, mundique cupidine
capti,
In putridâ captant dulce levamen
aquâ.

Ili

*Dum piscator opes captat male provid͛ hamo,*
  *Attractus vafro pondere ad ima ruit.*

Wer Güther fischet wird vom Last
Versenckht in den begird = Morast.

## ELEGIA XIV.

### Von Thorheit deren / die dem zeit-lichen hitzig nachtrachten.

Es ist ja die gröste Thorheit mit gewisser Gefahr der ewigen Verdamnuß/ das Himmlische verachten/ und dem Zeitlichen hitzig nachtrachten / weil man ja weißt/ daß man difes verlaffen muß/ jenes aber ewig wehret.

Die Fischer werden trauren : alle/ die den Angel in das Waffer laffen / werden klagen. Ifa: 19. v. 8.

**1.**

JJe Welt-Liebhaber Kinder seynd
Nicht GOttes/ nur der Erden/
Weil sie befunden werden
Derselben beste Freund:
Ihr Hertz/versenckt im Wolluft-Rath/
Nur Freud an den Welt-Güthern hat!

R 4　　　　Tach)

2.

Hi poma Hesperidum prendunt lato
oris hiatu,    [a]
Nectare dulcentes, Ambrosiaq́; labrū:
(b)
Nec saturi fiunt, quia poma fugacia
tentant,
Qualiter arboreas Tãtalus ardet opes.

3.    (c)

Ut saxi pondus, quod Sisyphus urget in
altum,    (d)
Protinus è sumo rursus ad ima redit,
Sic bona Cosmophili, rigido congesta
labore,
In nihilum subitò, morte premente,

4.    ruunt. (e)

Herculeo penetrat conamine culmen
honoris,
Nullum nō lapidē, quo petat alta, mo-
vens,    At

(a) Hesperides amœmissimos habebant hortos, qui poma au-
rea protulerunt. Poët. (b) Nectar, potus, & Ambrosia cibus
deorum. Poët.(c)Tantalo usq; ad os pendent poma,& aqua usq;
ad labrū, incassum tamen, quia, dũ tentat captare, fugiunt. Poët.
(d) Sisyphus pro pœna in inferno saxum semper reciduum in
montem volvit. Poët. (e) Stulte, hac nocte animam tuam re-
petunt à te, quæ autem parasti, cujus erunt? Luc.12. v.20.

## 2.

Nach Apflen der Hesperiden [a]
Sie gantz begirrig schnappen/
Doch nie genug erdappen/
Weil sattloß ihre Zähn:
Geht ihnen/ wie dem Tantalus, (b)
Der durstig bleibt im Wasser-Fluß.

## 3.

Wie Sisyphus ein Quaderstuck (c)
Pflegt Berg-hinauff zu stossen/
So ihm alsdann zur grossen
Betrübnuß fallt zuruck/
Auch also geht zur Todtes-Stund
All Gelt/ und Gut nachmals zu Grund.

## 4.

Man sucht mit aller Müh/ und Witz
Den Ehren-Berg zu steigen/
Pflegt Stein auff Stein zu beigen/
Biß man erreicht den Spitz:
R 5　　　　Da

(a) Die Hesperides hatten einen Garten/ welcher gölderne Apfel gehabt. Poët. (b) Tantalus, ein Verdamter. Poët. (c) Sisyphus, ein Verdamter in der Höllen/ muß ohne Underlaß einen schwere Stein den Berg aufweltzen/ so bald er aber ihn hinauf gebracht/schießt er widerum in das Thal zuruck. Poët.

At si fastosum summo caput extulit
      Hæmo,   (*f*)
Mittitur in syrtes, Icareumq́; fretū.
     5.      (*g*)
Dic, ubi nunc parent tot Reges, totq́ue
      Monarchæ,
Qui quondam celsos incoluére thro-
      nos ;
Dic, ubi nunc Xerxes, Salomon, Pel-
      læus & heros,   (*h*)
Inclyta progenies fortis, & orbis ho-
     6.      nor ?
Nonē jacēt putri Libitinę sordę sepulti,
      (*i*)
Quorum vix nomen fama superstes
      habet ?
Hos quid vana juvat fumosi gloria fa-
     stus,
Quos inter manes flebilis urna tegit ?
      Novi

(*f*) Hæmus, rex Thraciæ ob nimiam superbiam in montem à
Iove mutatus est. Poët. (*g*) Icarus ob superbiam submer-
sus est. Poët. Et tu Capharnaum, ad Cœlum exaltata, usque
in infernum demergeris Luc. 10. v. 15. (*h*) Pellæus heros
Alexander Magnus. (*i*) Libitina, Dea sepulchrorum. Poët.

Da fallt man trümlich von der Ehr
Mit Icarus tieff in das Meer.　(d)

### 5.

Sag/ wo ist nunmehr Salomon/
　　Xerxes/ und Alexander/
　Dern jeder/ wie ein ander
　　　Welt-Gott saß' auf dem Thron/
Die/ von dem Unglück unverschreyt/
Groß waren an Glückseeligkeit?

### 6.

Hat sie der Todt zu Aschen nicht/
　　Ja stinckends Kath verkehret
　　Kaum bleibt noch unversehret/
　　　Von ihnen das Gerücht :
Was hilfft sie jetz der Ehren-Pracht/
Die längst der Todt zum Staub ge-
　　　　　macht?
　　　　　　　　　Ich

(d) Icarus wolte aus Hoffarth mit wächsinen Flüg-
len über Meer fliegen/ weil er aber sich zu hoch ge-
waget/ seynd ihm von der Sonnen-Hitz die Flügel
zerschmolzen/ und er ertruncken. Poët.

### 7.

Novi ego Cofmophilos, quos nulla fu-
perflua rerum
Copia nobilitat, nec generofa domus:

Qui, vix fucato de ftemate fortè nepo-
tes,
Tempora ludendo, deliciifq; terunt.

### 8.

Quorum Panphilius Genius, Numenq;
Lyæus,　　[k](l)
Chartarumque ftrues picta tabella
precum :
Qualibet his navè facrata negotia fer-
vent,
Fortè Parafceves vix feriante, die.

### 9.

Ut tamen eniteat Series, & comis ho-
neftas,
Colludit fociis fœmina nulla viris,
Con-

(k) Panphilius, charta luforia principalis.
(l) Lyæus, Deus vini. Poët.

### 7.

Ich selber kenne / Leyder / Ach!
Dergleichen Welt-Liebhaber /
Die Prächtig zwar / doch aber
Am Glück / und Adel schwach:
Die hitzig auff Ergetzlichkeit /
Auf spihlen doch insonderheit.

### 8.

Die Karten ihr Gebettbuch seynd /
Ihr Engel der Schambeber /
Bacchus, der Rausch-Urheber /
Ihr GOtt / und beste Freund:
Diß heil-Geschäfft man täglich treibt /
Kaum der Charfreytag feyrlich bleibt.

### 9.

Doch daß in der Zusammenkunfft
Die Ehrbarkeit erscheine /
Spilt von den Weibern keine
Mit in der Männer-Zunfft:

Die

Conveniunt dominæ folæ, folæq́
    puellæ,
Atq; mares foli, quid vereare mal?

## 10.

O Cæci, nilfit pretiofa infúmere nug

Tempora? nil nuḿos perdere, ren-
    q́ue domi?
Nil blaterare jocos? nil nigro tinge?
    fuco
Famã? nil crebros evacuare fcyphos

## 11.

Annon par ludus Plurenfi férviit urb?
      (m)
Quæ noxæ in pœnam monte fepul?
    jacet?
Si nequit, heu! tantæ damnum vos fle
    ctere pœnæ,
Molliet erumpens, fævius inde ma
    lum.
      Cof-

(m) Plurium, Urbs in Rhætia, in pœnam illecebr?
rum vicino monte obruta fuit.

Die Töchtern spielen auch allein /
Kan dises dann was böses seyn ?

### 10.

Soll dann nichts seyn / O blinde Leuth /
Das Haußgeschäfft versaumen /
Dem Müßiggang einraumen
So vil der edlen Zeit ?
Theur spilen / Leuth ausrichten / und
Das Glas stets haben an dem Mund ?

### 11.

Wurd Plürs nicht von dem Berg bedeckt /
(f)
So / weicher Lust ergeben /
Euch gleich am Thun / und Leben /
Wann dises euch nicht schreckt /
Auch nicht die scharpf-erlittne Straff /
Wird ärgers wecken euch vom Schlaff.
Der

(f) Plürs / eine Statt in Graubünten / ist wegen
deß weichen Luder-Lebens zur Straff von dem
nächsten Berg überfallen / und begraben worden.

### 12.

Cofmophilus fætæ fcrutatur vifce
terræ ,
Ejus ût in loculos aurea vena micet.
Queis fibi multiplices ditatus comp-
ret agros,
Hofpitium Dryadum, Chloridos a-
que nemus. (n) [

### 13.

Per fas,atq; nefas undofo vafta poter
tum
Sãguinis humani flumine regna peti
Quod vacet huic, ftupeo, pars non ha
bitabilis orbis, (

Fortè Charon doctâ, quâ vehat, ar
caret. (

### 14.

Heu! miferanda nimis terreftris amo
ris hyæna,
Totius mundi non faturanda bolo !

Ve-

(n) Dryades, Deæ fylvarum, accipiuntur pro fylvis. Poë
(o) Chloris, Deaflorum. fumitur pro horto. Poët. (p) E
pars terræ, quæ nondum inventa eft , ideò inhabitabilis v
eatur. (q) Charon, nauta infernalis, Poët.

### 1 2.

Der Welt-Liebhaber grabt hinein
　Biß in das Hertz der Erden /
　Daß er erfreut mög werden
　　Von der Gold-Adern Schein /
Womit er dann Guth-girig laufft /
Lustgärten / Wäld-und Felder kaufft.

### 1 3.

Er schifft auf Menschen-Bluth so gar
　Nach fremden Königreichen /
　Dieselbe zu beschleichen /
　　Und unbefuget zwar :
Ein Wunder / daß er hat verschont /
Der Erden / die noch unbewohnt.

### 1 4.

O böse Welt-Lieb : welche auch
　Vom Brocken gantzer Erden
　Nicht kan ersättigt werden /
　　Wie deß Vilfrasses Bauch :

S　　　　　Den

Also machte es Alexander / der Grosse.

At totus quem nonseit circumscribere
mundus.
Hunc brevis angusto contrahet urna
loco. (r)

15.

Heu! quem non cæcat palpantis splen-
dor honoris,
Quem non Gangis opes, ditis & un-
da Tagi? [s](t)
Quis nonSidonio turgentes murice ve-
stes (u)
Ambit,& auratâ splendidus ire togâ?

16.

Ambitione procul quis fasces temnit
honoros?
Quis non vel paribus scribere jura
parat?
Quis nõ in primo pretendit sidere nido?

Certatur gladiis pro radiante loco.
Quis

(r) Sic fecit Alexander Magnus:
    Æstuat infelix angusto limine terræ,
      Sacrophago contentus eris. *Iuvenal. 10. de Alexan-*
*dro Magno.* (s) (t) Ganges, Tagus auriferi fluyii, (u)
Sidonia purpura optima.

Den aber/ dem die Welt zu klein/
Ein enges Grab wird schliessen ein.

## 15.

Wen reitzet nicht der Ehren-Glantz?
Wen nicht die Gluckes-Gütter/
Wovon die Welt Gemüther
Ja seynd verzaubert gantz?

Wer will nicht schön gezieret seyn?
Im Gold/ und Silber gehn herein?

## 16.

Wer ist/ der/ wollend nicht empor/
Ein Ehren-Ambt verachte?
Nicht seines gleichen trachte/
Gesätz zu schreiben vor?

Wer sucht nicht die Vorsitzes-Ehr/
Die man offt sucht auch mit Gewehr?

Wer

## 17.

Quis non fectatur Charites, hominum-
que favores, (a)

Inter & acceptos prodromus effe pro-
cos?

Quis non illecebras ardet, velut aridus
undam

Cervus, & Attalicos geftit habere dies?

## 18.

Quis non, Lethæo quafi tinctus fonte,
falutis? [b]

Immemor, heu! Superum, nil ferè pen-
dit opes?

Depereunt hi, quæ pereunt velociùs
umbra, *

Quæ fubitò vel mors invidiofa rapit.

## 19.

Nonne fciunt hæc fluxa brevi ruitura,
quid ergo (c)

A ëre tã ftultè naufraga tecta ftruunt?

Hi

(a) Charites, deæ gratiarum. Poët. (b) Lethe, fluvius, cujus
aqua potata oblivionem parit. Poët. * Relinquent alicuis
divitias fuas. Pfalm. 48. v. 11. (c) Stulte, hac nocte animam
tuam repetent a te, quæ autem parafti, cujus erunt? Luc.
12. v. 20.

## 17.

Wer buhlt nicht um die Chariten, [g]
Und Menschen-Wohlgefallen/
Den Gunstes-Fischern allen
Bey disen vorzugehn?
Wer lächtzet nicht nach weicher Lust/
Wie nach dem Bach deß Hirschen Brust?

## 18.

Schier niemand sich deß Himels kränck'/
Im Irdischen versessen/
Als wann man/ Heyl-vergessen/
Von Lethe wär getränckt! (h)
Das, was hinrafft der Lebens Dieb/ (i)
Uñ stracks verschwind/ hat man nur lieb.

## 19.

Man weißt/ daß nichtes kan bestehn/
Was will man Schlösser bauen [k]
Dann in den Wolcken-Auen/
Weil alles muß vergehn?

S 3                 Wann

(g) Chariten, die Gunstgöttinen. Poët. (h) Lethe, ein Fluß/ wer daraus trinckt/ der verliehrt die Gedächtnuß. (i) Sie werden ihr Guth den Fremden überlassen. Psalm. 48. v. 11. (k) Du Narr/ dise Nacht wird man deine Seel von dir abforderen/ und was du bereittet/ weßen wird es seyn? Luc. 12. v. 8.

Hi, si fata premēt, cassi Tellure, poloq́;,

Quò vadent? superest nil, nisi cry-
pta Stygis. (e)

### 20.

Mens , quæ solius fatua est Telluris a-
matrix ,

An tandem sponsum speret habere
Deum?

Quis dux militiæ servis stipendia solvit,
Huic qui perjuri perfida bella cient?

### 21.

Quid Zephyros ergo vanè venare fu-
gaces?

Num, quod manè paras, vespera sæpe
rapit?

Si sapis, illecebras navè piscare pereñes,
Quas nec mors, nec sors tollere nigra
valet. (f)

ELE-

---

(d) Tellus, terra. Poët. (e) Stygis , id est inferni.
Poët. (f) Thesaurizate vobis thesauros in Cœlo ,
ubi neque ærugo, neque tinea demolitur. Match.
6. v. 20.

Wann man dann Welt- und Himmel-looß/
Wohin/als auf deß Charons-Flooß? (l)

## 20.

Wird GOtt der Seelen / die allein
  Die Welt so thorecht liebet /
  Zuruck ihn stets nur schiebet /
    Ein Bräutigam dann seyn ?
Wer gibt den Sold dem Krieges-Knecht/
Der wider ihn steht im Gefecht ?

## 21.

Was wilst du fangen dann den Wind/
  Weil / was du früh erworben /
  Vor Nacht offt ist verdorben?
    Ach! sey doch nicht so blind :
Such jenes Guth / so dir nicht kan
Noch Todt/noch Unglück packen an. [m]

S 4       ELE-

(l) Charon führet die Seelen nach der Höllen. Poët.
(m) Samlet euch Schätze in dem Himmel / wo sie
weder Rost/ noch Motten fressen. Matth. 6. v. 20.

## ELEGIA XV.

Warum bist du so auff-ge-blasen/ wann

du dich selber kenneſt nicht/ will ich dir ge-ben

den Bericht/ du a-ber fär-be roth die

Nasen/komst du nit her von dem Unrath/

der garstiger/ als jedes Rath?

## ELEGIA XV.
### *De dementia superbiæ.*

Superbire maxima demen-
tia eſt; ſi enim homo ſuas tam cor-
poris, quàm animæ miſerias agnoſce-
ret, potiùs fleret, & in abyſſum humilitatis ſe de-
mitteret, ſed quia cæcus eſt, perperè ſuperbit; hinc
Vates Apocalipticus indignabundus ait:

Neſcis, quia tu miſer es, & miſera-
bilis, & pauper, & cæcus, & nu-
dus. Apoc. 3. v. 17.

### I.

*Phalæcium.*

QUid, vaſtoſe, Noto tumes inani?
Si notus tibi non tuus ſit ortus,
Dicam, túque lini genas rubore:
Carnis materies tuæ pudenda (*a*)
Glyc: Nunquid ſpurcities fuit,
Quovis ſtercore fœdior? (*b*)

Vix

(*a*) Noſtrǽne è limo carnis proceſſit origo?
(*b*) Carne quid humana viliùs eſſe poteſt?

Simon Nanquerius.

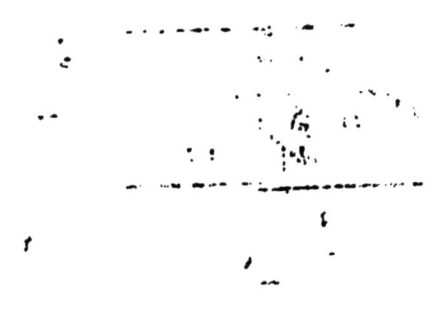

* * *

## ELEGIA XV.

### Von Thorheit der Hoffart.

Hoffärtig seyn ist die gröste Thorheit/
dann wann der Mensch seine Leibs / und
der Seelen Armseligkeiten erkennte / wür-
de er sich biß in den Abgrund der Demut versencken;
weil er aber blind ist stolziert er närrisch; dahero
sagt mit Unmuth der H. Joannes:

Du weißt nicht/daß du bist elend/und
erbärmlich/ und arm/ und blind/
und bloß. Apoc. 3. v. 17.

### I.

WArum bist du so aufgeblasen?
　　Wann du dich selber kennest nicht/
　　Will dessen geben ich Bericht/
Du aber färbe roth die Nasen:
　　Kömst du nit her von dem Unrath/(a)
　　Der garstiger/ als jedes Kath? 　(b)
　　　　　　　　　　　　　Vom

(a) Kömt unser Fleisch nicht her von Leim?
(b) Was ist deß Menschen Fleisch/ als Schleim?
　　　　　　　　　　　　Simon Nanquerius.

2.

Vix matris vacua solutus alvo
Non causa sine jamque vagiebas, (c)
Vates nempe tuæ vel ipse sortis
Præsagus miseræ, proinde, fati
　　Nigras prospiciens notas,
　　Pangebas tibi nænias.

3.

Annon ex nihilo, superbe, prodis?
Quid nunc es, nisi sordium taberna,
Quà se proruit Æoli, ★ fimíque (d)
Tam fœtens odor, imbuitque nares,
　　Ut, si non recrees thymo,
　　Fors in deliquium ruant.

4.

Nec te tam putridi pudet fimeti,
Quin ut numen amas, coliſq; comptè,
Ne vulgò tua turpitudo fiat ;
Sicut vere novo fimo repleta
　　Sese jugera floribus
　　Comunt, ut probra contegant.

Quot

★ Æolus, ventorum deus. Poët. Sumitur hîc pro flatibus.
(d) Maſſa putredinis, quæ semper fœtet. & sordet.
　　　　　　　　Innocent· de utilit. cond. hum.

## 2.

Vom Mutter-Leib du kaum entlaſſen/
Schon haſt geweinet bitterlich/        (c)
Weiſſagend   daß daß Glücke dich
Offt höniſch ſpihlen werd'/ und haſſen:
Dahero du/ betrübet faſt
Dein Todten-Lied geweinet haſt.

## 3.

Biſt nicht hervor aus nichts geſchloffen/
Und jetz ein Sack gefüllt mit Kath?
So mit verfälſchtem Wind dir hat  (d)
Die Naſen offt ſo hart getroffen/
Das ſie ohn'Apotheckers-Wahr
Schier ſincken müßt in Ohnmacht gar?

## 4.

Der Kath-Sack doch will ſeyn gepriſen:
Du zärtleſt ihm/ wie einen Gott/
Und daß verblümet werd der Spott/
Vermändleſt du ihn/ gleich den Wiſen/
Die Frühlings-Zeit nicht ohn Liſt
Mit Blumen decken ihren Miſt.

Wie

(c) Unſere erſte Stimm iſt weinen geweſt/ und zwar billich /
weil wir in das Thal der Zähren eingangen. S. Bernar-
dus in Serm.   (d) Der Leib iſt ein Klump der Fäule /
welcher allezeit ſtinckt/ und wüſt iſt. Innoc. de utilit. con-
dit. humanæ.

**5.**

Quot fymptomatibus febrile duris
Heu! non obruitur repentè corpus?
Quò mox purpura, mox decor genarũ
Marcent, & rofa cærulefcit oris:
    Tunc, ut Lerna, mephiticas
    Spirant labra putredines.

**6.**

O quas non toga, fæpe picta gemmis,
Obducit maculas, putrefque pforas?
Vix corpus reperis, quod abfque forde
Non manes patitur, fuofque nævos:
    Si quod fordibus, attamen
    Non fœtore caret fuo.

**7.**

Hinc fpirãt chlamydes, togæq; nardo:
Hinc, mofchum redolendo, chirothecę
Nares decipiunt odore fuavi:
Hinc pulvis Cyprius fugat mephitim:
                     (e)
    Si putor gravis haud foret,
    Ad quid talia perperè?     (f)
                       Si

(f) Rides nos, Coracine, nil olentes;
   Malo, quàm bene olere, nil olere. *Martial. Epigr. lib. 6.*
(e) Non bene femper olet, qui bene femper olet. *Idem.*

### 5.

Wie gähling wird der Leib mit herben
Zuständen schwach auch über Nacht?
Wo dann der Wangen Rosen-Pracht
Mit blau/ und gelb sich pflegt zu färben/
Wie auch die Fäule aus dem Leib
Zu stincken offt auch/ wie ein Keib.

### 6.

Wie mancher Mensch deckt mit sehr freché
Pracht-Kleydern die Unflätherey;
Kaum ist ein Leib von Mänglen frey:
Ein jeder fast hat sein Gebrechen:
Und obschon er von Mänglen rein/
Wird er doch ohn Gestanck nicht seyn.

### 7.

Dahero muß die Kleydung riechen
Von Bisem/ und von Narden-Kraut/
Auf daß wohlriechend werd die Haut/
Die sonsten stinckte/ gleich den Siechen: (e)
Wann man wohlriechen wurd vorher/
Deß Kleyds Geruch ja närrisch wär.

Wer

(e) Die nicht wohl riechen/ halstst für Siechen:
Ich nicht begehre/ wohl zu riechen.          Martialis.
Der/ so wohl riecht zu jeder frist/
Nicht allezeit wohlriechend ist.          Martialis.

### 8.

Si larvas hominum, vafræque fpectes
Sortis ludibrium, periculumque,
Queis nec fceptriferi carét Monarchæ,
Cur tu fata fecundiora fperas?
   Cur de forte tumes tua,
    Quæ plus mobilis orbitâ?

### 9.

Si frons fit tibi comis, & decora:
Malæ purpureo colore tinctæ,
Quin & lacte novo cutis linita,
Hac quid decidua rosa tumefcis,
   Quam vel febriculæ calor   [g]
   Primus turpiter uftulat.

### 10.

Si tantùm tua ficta fit venúftas,
Fallaci ftibii colore picta,
Vel de flamivomis nitens pyropis,
Aut extorta merè nitore veftis,
   Cur, cornicula difcolor,   &#9733;
   Formâ non propriâ tumes?

O

[g] Nec femper violæ, nec femper lilia florent,
   Et riget am ſsâ fpina relicta rofâ. *Ovid. de arte lib. 2.*
&#9733; Cornicula emendicatis difcoloribus peñis fuperbiebat. Fab.

### 8.

Wer den Betrug deß Glücks betrachtet /
Wie auch deß Leibs / und Heils Gefahr /
Wovon auch frey kein Herrscher war /
Solst du dann besser seyn geachtet?
Was trotzest du auf Glückes-Gnad /
So mehr beweglich / als ein Rad?

### 9.

Wann lieblich du schon an Geberden:
Dein Wangen-Feld voll Rosen steht:
Die Milch-Farb vom dem Leib ausgeht:
Weißt nicht / daß Blumen welck bald wer-
den?
Ein Fieberlein den Rosen-Pracht / (f)
Besengend / wüst / und häßlich macht.

### 10.

Wann aber falsch-schön deine Wangen /
Und du die Schönheit nur allein
Durch äusserlichen Kleyder-Schein /
Mit List erzwingend / hast empfangen /
Wie kömt es / daß so stoltz dann bist
In Schönheit / welche dein nicht ist?

T       O

(f) Der Rosen-Blust gar bald vergeht;
Der Dorn kahl ohne Rosen steht. Ovid.

## 11.

O Evæ lachrymabilis propago,     (h)
Semper turbinibus, feræque fortis
Cauris pervia, qui tumultuofas
In noftrum exitium movent procellas:
   Et quo plus placidum mare,
   Plus fatale periculis.

## 12.

Si fortuna Gygem, Polycratemḉ, (i)
Queis profeffa palam fidelitatem
Juraffes, ita perfidè fefellit :
Hæc fi perfequitur beatiores,
   Tollens, altiùs ut ruant,
   Quænam caufa fuperbiæ?

## 13.

Quid, mortalis homo, tumes, future
Putredo, Lachefifḉue præda diræ,
Et fors Hefperus antequam micando
Hanc nigrante diem colore velet :
                     Num

(h) Homo natus de muliere, brevi vivens tempore, repletur multis miferiis. Job. 14. v. 1. (i) Polycrates regum feliciffimus miferè periit. Ex Stob. lib. 14. de Polycrate.

## 11.

O ihr sehr arme Even Kinder/     (g)
  Die offen ihr dem Würbel-Wind/
  Der alles kehrend um geschwind/
Den Glückes-Wohlstand treibet hinder:
Zeigt sich das Meer schon still/und klar/
So ist nur grösser die Gefahr.

## 12.

Das Glück Eyd-pflichtig hat geschinen
  Dem Gyges, und Polycrates,    (h)
  Jeodch ist treuloß worden es/
Verfahrend grausam scharpf mit ihnen:
Thut es Glücks-Kindern solche Tück/
Wer soll seyn stoltz in seinem Glück?

## 13.

O Mensch/ der du ein Staub der Erden/
  Vileicht noch heut/ eh disen Tag
  Der Abend-Sern braun färben mag/
Dem Lebens-Dieb zu Raub mußt werden:
     T 2      Soll

(g) Der Mensch/ vom Weib gebohren/ lebt kurtze Zeit/ und
  wird erfüllt mit vilen Betrübnussen. Iob. 14. v. 1.
(h) Polycrates, und Gyges, die allerglückseeligste Könige/
  haben ein unglückseeliges End genommen. Ex Stob. de
  Polycrata.

Num mortis pavor horrida
Truncet falce superbiam ?    [k]

### 14.

Quamnam ,tu miserabilis, scatensque
Tot noxis homo , forsan eximentem
Prætendis speciem superbiendi,
Cujus fors anima atrior vel Afro ?
   Hanc si Gorgona cerneres,    (l)
Actutum rueres humi.

### 15.

Cur,quæso,Stygius, putas, Alastor (m)
Sit sic horribilis, sit usque turpis?
Annon noxa superbiæ nefanda
Sic illum nigricante pennicillo
   Turpavit ? scelus, heü ! grave,
   Quod sic fœdat & Angelos!

### 16.

Annon pauper es , ô homo, nec umbrâ
Virtutis , meritíque fortè dives ,
Sed culpis locuples piaculorum

                      Fors

---

(k) Timor de futura morte mentem necessariò concutit, &
quasi clavis omnes motus superbiæ ligno crucis affigit. S.
August. lib. 2. de doctrina Christiana.

(l) Gorgon , furia infernalis. (m) Alastor , crudelis homo.

Soll nicht dir das schreckhaffte Grab
Die Hoffarth-Flügel stutzen ab ?　　　[i]

## 14.

Warum bist doch so hochgeschoren/
Da du doch ohne Tugend bist /
Und deine Seel villeicht auch ist
Von Sünden schwärtzer/ als die Mohren?
Wann dise Gorgon sähest an/　　　(k)
So wurd' es seyn mit dir gethan.

## 15.

Was ist die Ursach / daß so greulich
Verstaltet ist der Luciter ?
Die Hoffart hat gemacht/ daß er
So grausam-schandlich/und abscheulich:
O Sünd/vil schwärtzer/ als die Nacht/
Die aus den Englen Teufel macht!

## 16.

Bist du nicht arm/ der Tugend Thaten
Weil du nicht einen Schatten hast/
Auch heut noch wegen Sünden-Last
Vil-

(i) Die Forcht deß zukünfftigen Todts nothwendig das Ge-
müth erschrecket/ und alle Antribe der Hoffart an das Holtz
deß Creutzes gleichsam mit einem Nagel häfftet. S. Augustin.
de doctrin, Christ. lib.2. (k) Gorgon , eine höllische Furi.

Fors & mox Phlegetontis inquilinus ⸴
(n)

  Dic tantæ, rogo, quæ tuæ
  Prægnans caufa fuperbiæ?

### 17.

Si carnis caries tuæ mifellæ
Vulgo nota foret, putrifque fœtor,
Non fic Icariis procax volares,   (o)
Stellatifque fuper jugofa pennis:
  Quî non te pudet, o mifer,
  Turpem ludere Hypocritam?

### 18.

Heu! quàm cæcus es, atq; mente fufcus,
Qui, ficut rofa convoluta fpinis,
Tu circumdatus undequaque nævis,
Plus fed decidua rofâ fuperbis:
  Sentis mille moleftias,
  Sed non te miferabilem.   (p)

### 19.

Scis, cui te fimilem, fuperbe, dicam?
Invifo lolio, quod inter agmen

              Hor-

---

(n) Sequitur fuperbos ultor à tergo Deus, *Sen. Herc. fur. Act. 2.*
(o) Icarus ex fuperbia, cereis alis volans, fubmerfus eft. *Poët.*
(p) Nemo fe credit miferum, licèt fit. *Senec. Troad. Act.*

Villeicht mußt in der Höllen braten? (l)
　Was grosse Ursach hast du doch/
　O Armer/ zu stoltzieren noch?

### 17.

Wann deine Leibs-Armseeligkeiten
　Dem Volck bekant/ so wurdest nicht
　Die Hoffart-Flügel/ wie geschicht/
So närrisch streussen/ und ausbreiten?
　Schämst du/ O Mensch dich nicht zu
　　　　　　　　　seyn
Ein Gleißner mit so falschem Schein?

### 18.

Wie ist dein Witz so gar gefangen/
　Daß du/ der du voll Mänglen bist/
　Wie eine Ros verdörnert ist/
Verwelcklich darfst so witzloß prangen?
　Du fühlest tausend Ungemach/
　Doch nicht erkeñest/ daß du schwach. (m)

### 19.

Weißt du/ wem ich dich soll vergleichen?
　Dem Unkraut/ so fruchtloß aufgeht/
　　　　　T 4　　　　Doch

(m) Niemand vermeint/ er sey armseelig/ da er es
doch ist. Sen. Troad. Act.

Horti floricomum ftat abfque flore,
Stultè non proprio decore turgens,
   Sic tu, fœde, tumes, homo,
   Formâ tegminis, haud tua.    *

### 20.

Infons Andromede ſcelus fuperbæ, [q]
Saxo pendula, matris eluebat:
Quales non dabis, o fcelefte, pœnas,
Larvata fpecie fuperbiendo
   Eheu! cur caro fœtida,
   Cur mens fœda fuperbiat?

### 21.

Num te Luciferi latet ruina?
Num cafus lachrymabilis parentum,
Qui dìj, prô tumor! effe geftiebant?
Ni pœnæ quoque particeps feveræ
   Tu fors effe velis, fuge
   Monftrum turpe fuperbiæ.

ELE-

---

\* Sicut olor niveo tegit atram tegmine carnem,
   Sic miferum pulchro fchemate corpus homo.
(q) Andromede ob matris fuperbiam à Nymphis fcopulo alli-
   gata fuit. Poët.

Doch under schönsten Blumen steht /
Mit ihnen sich herfür zu streichen :
So prangst auch du / O Mensch herein /
Mit Schönheit / die deß Kleyds / nicht
dein.

### 20.

Müßt nicht der Mutter Stoltzheit büssen
Adromede unglücklich sehr ?
Wie solst du nicht noch vil mehr
Um eigne Hoffart leiden müssen :
Soll Fleisch / und Geist hoffärtig seyn /
Die wüst / und stinckend / wie ein
Schwein ?

### 21.

Hast du deß Lucifers vergessen /
Wie ihn die Hoffart hat gestürtzt /
Und unsrer Eltern Glück verkürtzt /
Die Götter sich zu seyn vermessen ?
Wilst nicht erfahren gleichen Spott /
So meide dise Höllen-Krott.

T 5                    ELE-

# ELEGIA XVI.

Wañ Salomon die Warheit spricht/ so hat so

vil der Thoren die thume Welt gebohren/

daß deren Zahl zu zehlen nicht/ wie groß ist

dann der Thoren-Zunfft) die weit abweichen

von Vernunfft.

ELE-

## ELEGIA XVI.
### De dementia abroganda.

Si ſtulti jure merito etiam in hoc
mundo omni honoris titulo indigni
habentur, quid ni in cœlo, ubi ſtultus omnis
exulat? opus ergo erit ad æternam ſalutem conſe-
quendam, ut ſtultitiam aboleamus, & ſapientiam ample-
ctamur; hinc Pſaltes Regius ait:

*Intelligite inſipientes in populo, & ſtul-*
*ti aliquando ſapite.* Pſ. 93. v. 8.

**1.**

SI Salomoniacæ ſacra ſunt oracula linguæ,
  Fallit arithmeticen infatuata cohors,

Cùm, dolor heu! numerus non ſit numerabilis
                      horum, .        **(a)**
  Qui tendunt curvas à ratione vias.

**2.**

Mæandri non ſic ſinuoſi flectitur unda,    **[b]**
  Dum vaga per Phrygias itq; , reditq; plagas,

Ut curvis hominum ratio defectibus errat,
  Ad finem rarò ſtrictè abitura ſuum.

                                Si-

(a) Stultorum infinitus eſt numerus. Eccl. 1. v. 15. (b) Mæan-
der, fluvius ſinuoſiſſimè currens, præſertim per Phrygiam.

Arcet Sapientia stultos.

Si stulto similis stultorū fiat amicg    Prov. 13. v. 20.
An Sapiens stulti Numen amicus erit?
Wañ Narren=freünde Narren seÿnd,
Wird Gott, die Weißheit, seÿn ihr Freünd?

❀❖❀❖❀❖❀❖❀❖❀❖❀❖❀❖❀❖❀❖❀

## ELEGIA XVI.

### Von Abschaffung der Thorheit.

Wañ die Thoren billich auch auf diser Welt aller Ehren unwürdig geschätzt werden / warum nicht vil mehr in dem Himel / aus welchem alle Thoren verbannt seynd ; so muß man / seelig zu werden die Thorheit abschaffen / und die Weißheit ergreiffen ; dahero der Psalmist sagt :

Merckt doch / ihr Narren under dem Volck / und ihr Thoren wolt doch einmahl weiß / und klug werden. Pf. 93. v. 8.

### 1.

WAnn Salomon die Warheit spricht /
So hat so vil der Thoren
Die thume Welt gebohren /
Daß deren Zahl zu zehlen nicht :          (a)
Wie groß ist dann nicht deren Zunfft /
Die weit abweicht von der Vernunfft ?

### 2.

Mæander nicht so schelb / und krum          (b)
Das Prygjer-Land durchstreichet /
Und Schlangenweiß umschleichet /
Bald fort / zuruck bald widerum /
Wie die Vernunfft deß Menschen / die
Und

(a) Der Narren ist keine Zahl. Eccl. 1. v. 15.   (b) Mæander, ein Fluß / der sehr krum durch Phrygien fließt.

### 3.

Sicuti Telluris fugiunt pigra flumina gibbos,

Gyrandoq́; fuis diminuuntur aquis, (c)

Sic animæ, ut facras devitat languida leges,
In ficcum forbtus fons rationis abit.

### 4.

Quot reperis recto, qui fidera tramite quærunt,
Qui non ad fcopulum dedidicére fcopum?

Vix numeras hominum fors ex tot millibus u-
num,
Qui rectà furfum, ficut alauda petat.

### 5.

Ad Cilices abiens facilè fit præda viator, [d]
Si vagus à trita defluat ille via:

Quid fiet, ratio vaga fi per devia currat,
Apprendens curvum papilionis iter? (e)
De-

(c) Tellus, terra. (d) Cilicia famofa latrociniis.
(e) Papiliones nunquam rectà, fed transverfè volant.

### 3.

Und wie ein Fluß aus Trägheit flieht
Den Orth der Buckel-Erden /
Mithin muß minder werden/
Weil jeder Orth was an sich zieht/
Auch also der Verstand verschleicht /
Wann die Gebotte man abweicht.

### 4.

Wie vil seynd/ die zur Himmels-Ban
Sich ohn Umschweiffen wenden/
Und ihren Weeg wohl enden /
Wann sie Beschwerden treffen an ?
Wer ist der grad/ wie eine Lerch/
Steig' Himmel zu/ nicht über zwerch ?

### 5.

Wer gehn will durch Cicilien fort /    [c]
Auf rechter Straß muß bleiben/
Sonst werden ihn aufreiben
Die Mörder / deren vil alldort ;
Wie wird dann die Vernunfft bestehn/
Wann sie nur wird den Abweeg gehn ?

Vom

(c) Cicilia , eine Landschafft im kleinern Asia, ist
wegen viler Mördern verschreyt.

### 6.

Declinare bonum, vitiis & dedere fefe     (f)
  Stultitiæ certam quis neget effe notam?

Non fecus, ac fi quis pelago fugit ire fecundo,
  Pronus & in fcopulos, turbine flante, ruit.

### 7.

Sic quoque peccator Superum veftigia temnit,
  Tartaream vitiis arripiendo viam,     (g)

Dumque Charon illuc vehit hunc properante
              Carina,
  Accelerat, plaudens, ut nova nupta torum.

### 8.

Qualiter Indus aquas, mox præfocandus, in
              imas
  Se vibrat, circum dulcè fonante choro, [h]

Elyfium quærens, medio quod at extat in Orco:
                    (i)
  Heu miferè læti, dum Phlegethonta * petût!
                    Hæc

(f) Stultus illudet peccatum. Prov. 14. v. 9. (g) Quæ mergunt homines ad interitum. 1. Tim. 6. v. 9. (h) Quidam Indiani, mundum pertæfi, & Cœlum affectantes fe fubmergunt, choro agnatorum tripudiante. R. P. Hazart Socit. Jefu in fuis rebus Indicis. (i) Secundùm Ethnicos Poëtas Elyfium ( fic locum beatorum vocant ) in medio inferni eft. * phlegethonta, infernum.

**6.**

Vom Guten sich abziehen/ und          [d]
  Mit den gottlosen Laichen/
  Ist eines Thoren Zaichen/
Wie jenes/ der sich in den Schlund
Der Scyllen wagt, und/wo es still
Vom Sturmwind/ nicht fortschiffen will.

**7.**

Auf gleiche Weiß der Sünder auch
  Den Himmels-Weeg verachtet/
  Den Sünden nur nachtrachtet/
Weil jener Weeg ihm vil zu rauch;          (e)
Macht lustig sich auch noch/ da ihn
Der Charon führt zur Höllen hin.          [f]

**8.**

In India auf gleiche Weiß
  Sich mancher selbst erträncket/          (g)
  Wodurch der Thor gedencket/
Zu kommen in das Paradeyß/
Drum müssen Spilleuth bey ihm seyn:
O arme Freud zur Höllen-Pein!

U          Diß

(d) Die Narren treiben Gespött mit den Sünden. Prov. 14.
v. 9. (e) Welche versencken den Menschen in das Ver-
derben/ und Verdamnuß. 1. Tim 6. v. 9. (f) Charon, ein
höllischer Schiffmann/ der die Seelen nach der Höllen
führt. Poët. (g) R. P. Hazart Socit. Jesu in seinem Buch
von Indischen Sachen.

### 9.

Hæc ferè communis nunc eſt veſania mundi,
   Elyſios errans dum malè quærit agros :
Pervia non ſtultis ſunt, ſed ſapientibus Aſtra :
   Stultorum ſedes triſtis Avernus erit.    [k]

### 10.

Jura negant regimen ſtupidis, & honoribus ar-
        cent ,
   Legitimum ſus hoc improbet anne Deus? (l)
Deſpicitur ſtultus, quia nullo dignus honore ,
   Num Superis gratus fors inhonorus erit?(m)

### 11.

Ne dicas : Deus elegit ſibi ſtulta, quid ergo  [n]
   Stulta feris probris, quæ Deus ipſe probat?
Non fatuos Cœlo, ſed mundo, Numen adoptat
   Nam virtus mundo eſt ſtulta, ſed alma Polo

### 12.

Qui mûdana ſapit, delirus habetur Olympo, (o)
   Dum præfert cœnum, quiſquiliaſque Deo
                     Cal-

---

(k) Simul inſipiens , & ſtultus peribunt. Pſ. 48. v. 11.  (l)
   Natus eſt ſtultus in ignominiam ſuam. Prov. 17. v. 11. (m)
   Neminem diligit Deus, niſi eum , qui cum ſapientia inha-
   bitat. Sap. 7. v. 28.  (n) Stulta elegit Deus. 1. Cor. 1. v. 17
   (o) Nonne ſtultam fecit Deus ſapientiam hujus mundi. 1
   Cor. I. v. 20.

9.

Diß ist gemein zu diser Zeit/
Daß auf dem Weeg der Höllen
Vil nach dem Himmel wöllen:
O Irrweeg/ wo man fehlet weit!
Die Weise in den Himmels-Saal/
Die Narren gehn zur Höllen-Quaal. (h)

10.

Die Thoren Krafft der Rechten seynd (i)
Verbannt vom Sitz der Ehren/
Soll GOtt die Rechte spehren/
Und seyn der Narren guter Freund? [k]
Seynd Ehrlooß dann die Thoren/ wie
Soll hoch der Himmel achten sie?

11.

Was thorecht ist/sagst du/liebt GOtt/ (l)
Was wilst du es dann schelten?
Die bey der Welt nichts gelten
Liebt er / nicht die verschlagne Rott:
Er haßt die/ welche Tugend-leer:
Das Böse liebt die Welt/ nicht er.

12.

Soll der vor GOtt nicht seyn ein Thor/
Der Kath/ und schlechte Fetzen
Der Welt pflegt hoch zu schätzen/

U 2                    Und

(h)Es werden verderben der Unweise/uñ der Nar. Ps.48.v.11.
(i)Der Nam ist zu seiner eignē Schmach geboren Pr.17.v 11.
(k)Gott liebt niemād/alß dē, in welchē di Weißheit wohnt.
Sap.7.v.28.(l)Wz thorecht ist/hat Gott erwöhlt.1.Cor.1.v.27.

Calliditas mundo, pietas sapientia Cœlo est,
Exulat hinc dolus, & stulta sophia Polo.


### 13.

Audistis, quàm sit dementia turpis Erynnis, (q)
His mage Phœbea qui ratione vigent. (r)
O metamorphosis! perenos si noctua fiat, (t)
Noctis & in tenebras sol nigrefactus eat!


### 14.

Heu! quàm grande nefas, homo si ratione reful-
                                                      gens (a)
Fiat ad interitum stulta carina suum:
Quæ ratio dabitur, ratio si perdita, Cœlo,
Et sua dona videt tam vitiata Deus?


### 15.

Stultitiæ hinc fœdum deponite nomen, amici;
Non etenim fatuos Numen, ut orbis, amat:
Tænareas adeunt stulti, loca tristia, sedes, (b)
Ultor ubi noxæ trux Rhadamantus erit. (c)
                                                      Ex

(q) Erinnys, furia infernalis. (r) Phœbea, solari. (t) Perc-
nos, aquilæ genus, acuti visus. (a) Obscuratum habentes in-
tellectum, alienati à via Dei. ad Ephes. 4. v. 8. & seq. (b)
Tænareas, infernales. (c) Rhadamantus, judex infernalis
sævissimus.

Und boßhafft ihm zu ziehen vor?
Deß Himmels-Weißheit Tugend ist:
Der Welt hingegen Trug / und List.

### 13.

Habt ihr gehört nun meine Zung
  Der Thorheit-Pest andeuten /
  Voraus der klugen Leuthen /
O klägliche Veränderung !
  Die aus den Adlern Eulen macht /
  Den Sonnen-Glantz zu einer Nacht!

### 14.

O Sünd ! wer / sonst verständig hoch/ [m]
  Sich selbsten macht zum Thoren /
  Und mithin geht verlohren /
Wie wird er Rechnung geben doch /
  Wann GOtt wird sitzen zu Gericht/
  Und seine Gaab verwüstet sicht ?

### 15.

So legt hindan die Narrenthey /
  Die zwar die Welt sehr liebet /
  GOtt aber von sich schiebet /
Und / sehr erzörnt / macht Vogel-frey :
  Sie müssen in das Tholl-Hauß fort /
  Gestrafft zu werden ewig dort.

Da

(m) Deren Verstand verfinstert ist/ und entführet von dem
Weeg Gottes, ad Ephel. 4. v. 18. & seq.

## 16.

Ex fufco hoc via nulla patet remeabilis antro,
  Quà riget infractis ignea porta feris.
Sæcula fi poft tot, numerant quot marmora
                        guttas,        (d)
  Sperandus reditus, num brevis hora foret?

## 17.

Si quoq; mollis ibi tibi culcitra membra foveret,
  Sed libertatis fpe moriente tuæ,
Quid faceres mifer, horrédo circumdatus antro?
  Nonne magis fpinis pungeret ille torus?

## 18.

Sique cremareris crudeli jugiter igne,
  Qualiter ignivomis uritur Æthna rogis, (e)
An tua ftultities non te magis ureret Orco,
  Utpote tam diri fomes, & anfa mali?

## 19.

Ut fugias, cynofura tibi fapientia fiat:
  Cui finis non eft Numen, Avernus erit: (f)

De-

(d) Marmora, æquota. (e) Æthna, mons ignivomus. (f)
Avernus infernus.

## 16.

Da ist kein Weeg zurück / weil sehr
    Die Feur-Thür starck verschlossen ;
    Wann so vil Jahr verflossen /
Als Tröpflein seynd im weiten Meer /
Doch endlich man wurd' Orths befreyt /
Wie könt vorkommen kurtz die Zeit?

## 17.

Und solte man auch ligen schon
    Auf linden Feder-Flaumen /
    Doch ohne Hoffnung-Traumen /
Zu werden einst erlößt darvon /
Gespehrt in einem Kercker ein /
Wurd nicht das Beth verdörnert seyn?

## 18.

Wann noch darzu schlug ungeheur
    Ob ihnen hoch zusammen
    Mit grausam-wilden Flammen
Das mehr / als Æthna-heisse Feur /
Wurd sie nicht schärpfer brennen / ach!
Die Thorheit / dessen Haupt-Ursach.

## 19.

Wilst du entgehn dann diser Pein /
    Dich zu der Weißheit wende :
    Wann GOtt nicht ist dein Ende /

Wird

Delere stultitiam, Superumq́; docere sophiam;
  Tunc rectà Elysios lætus adibis agros,    [g]

### 20.

Si threni hi rugas forsan tibi, lector, ararunt,
  Parce, tuæ fecit namque salutis amor:
Lædit adulator, culpando medetur amicus:
  Qui tacet, ut pereas, forsan amicus erit? [h]

(g) Per agros Elysios intelligitur Cœlum.  (h) Meliùs est à sa-
piente corripi, quàm stultorum adulatione decipi. Eccl.7.v.6.
  Lingua assentatrix vitium peccantis acervat.
        *Et paulò post:*
Libera sit potiùs vox correctoris amici.
              *Antholog. Sacr. Iacob. Bill.*

---

Wird es die Höll unfehlbar seyn:
Leg' ab die Thorheit/ und sey weiß/
So gehst du nach dem Paradeyß.

### 20.

Hab ich/ O Leser/ dich betrübt/
  So wollest mir vergeben/
  Ich hab dein thorechts Leben
Gestrafft/ weil ich dein Heyl geliebt:
Wie kã ein Schmeichler seyn dein Freund/
                                    (n)
Der schweigt/ wo Heyls-Gefahren seynd?

(n) Es ist besser/ daß man von Weisen gescholten/ als von
  der Narren Heuchlerey betrogen werde. Eccl.7.v.6.

### ENDE.

# von etlichen Eigenschafften
## GOTTES
einer andächtigen voraus bekümerten
Seelen sehr erfreulich.

Wiewohl dise Elegia nicht zu dem Büchlein gehört / jedoch
denen bekümmerten Seelen bey so schweren Zeiten zum
Trost/ hab ich sie hieher setzen lassen.

### MELODIA.

Auf auf/ O meine Seel/ zu loben die göttliche Für-
Die endloß sich erstreckt võ Obẽ biß in des Meers Ver-

sichtigkeit/   Ihr ist kein Stäublein auch verborgen/
borgenheit:

):(                                        Ob

Ob es schon hat verweht der Wind / sie pflegt für alle

Ding zu sorgen / wie eine Mutter für ihr Kind.

---

### I.

Auf auf / O meine Seel / zu loben
　　Die Göttliche Fürsichtigkeit /
Die endloß sich erstreckt von Oben /
　　Bis in deß Meers Verborgenheit:
Ihr ist kein Stäublein auch verborgen /
　　Ob es schon hat verweht der Wind:
Sie pflegt für alle Ding zu sorgen /
　　Wie eine Mutter für ihr Kind.

### 2.

Und wann die Mutter / Threu-vergessen /
　　Ihr Kindlein wurd verlassen auch /
Will GOtt doch deiner nicht vergessen /
　　Nach aller Threu-Verliebten Brauch /
　　　　　　　　　　　　　Dann

Dann er hat dich in seine Hände /

 Wie er selbst sagt geschrieben ein /
Daß Er kein Aug von dir abwende /
 Stets deiner ingedenck zu seyn.

**3.**

Er dises ja im Werck beweiset /
 Indem die junge Rabben Er /
Wann sie verlassen / tränckt / und speiset /
 Als wann Er ihre Mutter wär:
Wann GOtt sich pflegt dann zu erbarmen
 Der Thieren / ach wie wird er nicht
Vilmehr dich vätterlich umbarmen /
 Wann Er dich gantz verlassen sicht?

**4.**

Diß hat zu deinem Trost erfahren
 Der schon verschätzte Daniel /
Als dort die Löwen fertig waren /
 Ihm auszusaugen seine Seel:
Er wurd gespeist von dem Propheten /
 Da aller Mittlen er entblöst /
Ja gar von GOtt aus allen Nöthen /
 Weil er auf ihn gehofft / erlöst.

**5.**

Was hatte Jonas nun zu hoffen /
 Da es ergangen ihm so rauch /
Daß ihm kein Ruck-Weeg stunde offen
 Aus des Wallfisches tieffem Bauch?
Wer wurde ihn errettet haben /
 Wann es nicht hette GOtt gethan?
Wer hat gemacht / daß die drey Knaben
 Kein Feur im Ofen rührte an?

  ):( 2    6. D

**6.**

O Seel / erhebe dein Gemüthe /
 Gantz lebhafft dir zu bilden ein /
Wie unermäßlich Gottes Güthe
 In ihrer Würckung müsse seyn /
Weil er auch seine gröste Feinde /
 Gleich wie ein Vatter / speißt / und tränckt /
Und sie / als allerbeste Freunde
 Mit Gaaben allerhand beschänckt.

**7.**

Die auch mit allerschwehrsten Sünden
 Ihn immerdar belendigen /
Und boshafft Ihn zur Rach entzünden /
 Da sie Ihm feindlich widerstehn :
Die mit Gotteslästern / Fluch-und Schwehren /
 Mit Ehbruch / Blutschand / Neid / und Haß
Sein Höchste Majestät entehren /
 Nur trutzend Ihn ohn' Underlaß.

**8**

Doch haltet er ein seine Waffen /
 Will sie so lang ergreiffen nicht /
Biß er gezwungen wird zu straffen /
 Und nun kein anders Mittel sicht :
Wann er sich dann muß endlich rächen
 Krafft tringender Gerechtigkeit /
Strafft er doch niemahl nach Gebrechen /
 Vil mehr nach der Bewogenheit.

**9.**

Dann seine Lieb / die unermäßlich /
 Ihm also kräfftig hanget an /
Daß er die Sünd / wie sie auch häßlich /
 Nach der Gebühr nicht straffen kan :

Weil

Weil sich in GOtt nicht lassen scheyden
    Die Lieb/ und die Gerechtigkeit/
Als ist Er auch verpflichtet beyden/
    Weil beyde seine Wesenheit.

### 10.

Wer wurde können nur den Schatten
    Der Schönheit GOttes bilden ab?
Apelles wurde bald ermatten/
    Und sich verkriechen in das Grab:
Thimanthes, Xeuxis, und dergleichen
    Farb-Künstler wurden fehlen weit/
Und mit auch bestem Gold-anstreichen
    Verliehren ihre Kunst/ und Zeit.

### 11.

Wann sie Ihn auch ab solten mahlen
    Mit lauter klarstem Sonnen-Glantz/
So wurden alle dise Strahlen
    Vor seiner Stirn verduncklen gantz;
Die Helena, so bey den Griechen
    Der Schönheit halber göttlich schier/
Sambt Esther müßten sich verkriechen
    Vor GOtt/ wie wild/ und wüste Thier.

### 12.

Ach wer kan GOtt dann von sich schieben/
    Der mehr/ als schön/ und lieblich ist/
Und närrisch die Geschöpfe lieben/
    Die gegen Ihm nur Rath/ und Mist?
Dahero mir die Welt-Geschöpffe/
    Wie sie auch lieblich/ schön/ und zart/
Vorkommen/ wie die Todten-Köpfe/
    O GOtt/ in deiner Gegenwarth.

13. Wo

**13.**

Wo hat die Schönheit lang gewehret /
    Und zeitlich sich verschlichen nicht?
Wo seynd die Runtzel weit entfehret
    Auch von dem schönsten Angesicht?
Wer ist nicht falsch / und unbeständig
    Auch gegen seinem besten Freund?
Wer ist im Hertzen / wie auswendig /
    Obschon die Wörter göldin seynd?

**14.**

Die Schönheit GOttes aber bleibet
    In ihrem Weesen ewig neu /
Und sich den Liebenden verschreibet
    Mit unverfälschter Liebes-Threu:
So will ich dann nicht / gleich den Thoren /
    In falsche Ding verlieben mich:
Hat der nicht seinen Witz verlohren /
    Der auf ein Mos-Rohr steuret sich?

**15.**

Die Gühte GOttes kan nicht hassen
    Den / der sich kindlich ihr vertraut:
Wie soll sie können den verlassen /
    Der seine Hoffnung auf sie baut?
Wann es dann Niemand schlimm getroffen /
    Der völlig sich ergeben ihr /
Als will ich fest auf sie dann hoffen /
    So kan es auch nicht fehlen mir.

**16.**

GOtt / die ihn lieben / liebt / und träncket
    Mit Zucker-süssen Freuden-Safft /
Und ihnen einen Wein einschencket /
    Der einer solchen Wunder-Krafft /

Daß

Daß alle diser Welt Beschwerden/
  Creutz/ Trübsal/ Kumer/ Angst/ und Noth/
Zu lauter Hertzens-Freuden werden/
  So gar auch selbst der herbe Todt.

## 17.

Was wilst/ O meine Seel/ dann lieben/
  Was schneller/ als der Rauch/ vergeht/
Und nichts nachmahlen/ als Berrüben/
  Ja ewigs Leyd daraus entsteht?
Befleisse dich/ zu lieben jenen/
  Der dich mit süssem Trost erquickt/
Und in den Nöthen/ dir zu dienen/
  Geflügelte Trost-Geister schickt.

## 18.

Ein Vatter zwar von frühem Morgen/
  Bis das die Sonn zuruck sich macht/
Für seine Kinder pflegt zu sorgen/
  GOtt aber auch die gantze Nacht:
Was wilst du werden dann kleinmütig/
  Und also sehr betrüben dich?
Weil Er unendlich mild/ und gütig/
  Dir hat so hoch verpflichtet sich.

## 19.

Was wilst du kratzen in den Haaren/
  Steh fest in deiner Zuversicht/
So wirst du in dem Werck erfahren/
  Daß er dich könn verlassen nicht;
Er wird im Hunger dich ernähren/
  Wann du zu hoffen schon kein Brodt/
Und eher Stein in Speis verkehren/
  Als dich verlassen in der Noth.

20. So

So will ich dann auf GOtt vertrauen/
  Und alle Sorgen werffen hin/
Auf sein Versprechen kräfftig bauen/
  Indessen hertzlich lieben Ihn/
So wird Er mein Verlangen hören/
  Und niemahl können geben zu/
Daß mich ein Leyd je könn verstören
  Von meiner süssen Hertzens-Ruh.

# A M E N.

---

NB. Ich bin von fürnemen Orten her gebetten worden/nit
so sehr schwehre Melodeyen in dises Büchlein zu setzen/
damit sie auch von gemeinen Leuthen können gesungen
werden/ weilen sie nicht nur fürnemen Musicanten/son-
dern auch schlechteren dienen sollen/welches ich auch ge-
than/in Bedencken/daß ein guter Musicant ein jede Me-
lodey mit seiner Lieblichkeit ziehren kan.
Hiebey ist auch zu wissen / daß bey dem Verleger allhier
alle Tractätlein Patris Laurentij zu finden/ nemlich den
Miranten/ Flötlein/Wald-Schallmen/ Mayenpfeiff/
Maul-Trummel/ und Maul-Trummel-Futer.

---

Denen Buchbindern beliebe zu wissen/daß die Sinnbilder/
oder Symbola,welche zu unterst der Kupfer ihre Ziffer ha-
ben/ zwischen dem Anfang der Lateinisch-und Teutschen
Elegien müssen gesetzt werden.